JN411058

지옥에서 뛰어놀다

지옥에서 뛰어놀다

황강록 시집

문학의전당

自序

때로는 멈추거나, 머뭇거리거나

방황하거나

고통스러워하는 것이

심지어 그것들에 최선을 다하는 것이

옳을 때도 있다

차례

자폐적 자기성찰

방에 틀어박혀 아주 오랫동안

반복되는 포르노들을 보다가. 들어갔다 나왔다 반복되는 굴파기 때문에

내 방은 아주 깊고 어두운 속까지 파고 들어가 버렸고, 이젠 밖을 그리워해도 밖은 물속이 아니고, 밖은 땅속이

아니고, 머릿속의 생각의 지도를 따라 나가려고 하다 보면 반드시

처음 출발한 곳으로 되돌아오고, 내가 그리워하던 어릴 적의 장난감들이 가끔 화석이 되어 발굴되곤 하는 흙벽, 탈출을 꿈꾸는 난 점점 더 틀어박히는 길인지, 나가는 길인지 모르는 통로를 파헤쳐 가고, 꿈들만 수북하게 벽을 메우고, 음악소리 들리는 곳을 쫓아, 열심히 뚫고 나가는 나의

자폐적 자기성찰

스타 크레프트를 하다 1

젠장 공부해야 하는데 시험이 며칠 안 남았는데… 난 낯선 혹성에 버려졌다… 졸업이 가까웠어, 취직 준비는 잘 안 되고, 갈 곳은 없고… 일단은 모을 수 있는 시간을 모으고, 날 방어해야지… 바락을 짓고, 마린을 뽑아서… 해처리를 많이 지어야 초반에 모든 걸 끝낼 수 있을 거야, 저 어두운 곳… 나의 밖, 어딘가에 적이 있어

나약한 나를 노리는 누군가가 있다

완전히 박살내지 않으면 끊임없이 다시 생겨나는 테란이 있고
빨리 찾아내서 쓸어버리지 않으면 폭풍처럼 한꺼번에 몰려드는 저그가 있고
끊임없이 마법을 부리고 잔꾀를 부려대는 변화무쌍한 프로토스가 있다 저
어둠 속 어딘가에

시험이 날 괴롭혀
취직이 날 불안하게 하고
암 선고처럼 나이는 들어가…

여긴
낯설고 거대한 혹성

어둠 속 어딘가에 있는 녀석을 박살내 버리고 싶어
여기서 난 이길 수 있어
적을 알고
적이 어떻게 이루어져 있는지 알아

바락을 지어서 마린을 뽑고, 팩토리를 지어서 시즈 탱크를 뽑고, 스타 포트를 지어서 비행기를 뽑고, 사이언스 퍼실리티를 지어서 특수 무기를 쓰고
말이야 그러면서 네가 얼마나 철저하게 너 자신을 지켜가면서 벙커를, 미사일 터렛을, 시즈모드의 탱크를 세워두고 불안해하면서 천천히
무서운 무기들을 만드는지, 업그레이드하는지 안다고

네가 어떻게 날 노리는지 알아

해처리를 짓고, 자원을 찾고, 또 해처리를 짓고, 자원을 찾고, 또 해처리를 짓고, 벌 떼처럼 개미 떼처럼 히드라들이 뮤탈

리스크들이 늘어만 가고 어둠 속으로 한 발짝만 나가면 땅속에서 우르르 솟아나와 어딜 나가! 날 덮치고 다시 숨고, 늘어난 적들은 러커로 가디안으로 점점 더 무섭게 변신해 가고, 가만 놔두면 안 된다는 것을 알지. 한순간에 네 숨통을 조여 버려야 한다는 걸, 핵폭탄으로 야마토 포로

난 널 보고 있어. 네가 숨어도 난 널 찾아 낼 수 있다구

넌 점점 더 사악하고 간사해져 가지만, 파일런이 생길 때 잡지 못하면 왕창 포톤 캐논을 짓고, 무식한 리버를 내 밥줄에다 떨어뜨리고, 사이오닉 스톰을 익히고, 디스럽션 웹을 익히고, 피드백을 익혀서 내가 강한 만큼 나를 조이고… 점점 더 영리해져 가지만, 널 찾아내면 네 본진만 정찰하면 난

널 잡을 수 있어

저 어둠 속에 내 증오의 대상이 있어
빨갱이가 있고
유태인이 있고
사악한 외계인이 있어

난 너희들보다 영리하고 강력해
고스트로 쥐도 새도 모르게 핵폭탄을 먹일 거야
퀸으로 벌레를 만들어 버릴 거야
마인드 컨트롤로 널 내 편으로 만들 수 있어

젠장 시험이 내일모레인데, 취직할 길이 보이지 않는데
난 점점 더 영리하고 강력하게
이 모든 환란의 책임자를 찾아서

널 죽일 거야

지옥에서 뛰어놀다

나는야 공포영화 마니아
악마의 친구

창문 꽉 닫어, 입 꽉 다물어, 책 덮어, 말하지 마, 걱정 마 안 죽어, 만지지 마, 눈 감어, 이제 눈 떠, 꺄악 으하하하하! 죽여준다

무서워

했고, 그 무서운 게 좋았고, 그 담엔 즐거웠고, 그 담엔 지켜보게 되다. 나의 눈으로, 프레디 크루거의 눈으로, 난자당하는 가슴 큰 여자애의 눈으로, 절대로 출동해 주지 않는 경찰관의 눈으로, 검고 큰 나무의 눈으로, 도끼날의 눈으로, 영원히 밝아질 것 같지 않은 어둠의

눈으로

사물화하다. 상징의 즐거움, 떠올랐다가 사라지는 어둠 속 생명체들의 도약과 몰락, 예수님도, 부처님도, 성모 마리아도, 대마왕 루시퍼도 없는, 야차, 아귀, 바알세블도 없는, 죽은 시

체, 하얗게 씻긴 뼈의 즐거움, 뼈의 춤

추며, 즐거웁게

떠다니다. 해부 당한 내 아버지의 내장 속으로, 고장 난 내 자동차 부품 속으로, 조각조각 난자된 내 욕망의 젖꼭지, 혀, 털, 보지 속으로, 공터 쓰레기장에 버려진 모든 저주, 버려진 관계들 속으로, 둥둥 떠다니다, 스며들다, 모든 것들과 섞여, 굳고, 단단해지다, 그렇게 겁 많고, 섬세한 내 속살들은 두터운 갑옷을

지어가다. 다치지 않는다. 죽지도 않는다. 난 너희들이 무섭지 않다. 이젠 너희는 무기질의 나를 벨 수 없다. 다 덤벼 이 씨발 놈들아! 흡혈귀! 살인마! 늑대인간! 외계인! 나치! 담임선생! 악질 부르주아! 재벌! 동네 깡패! 북괴 공산당! 몇천만이냐. 난 천하무적

울트라 건담 베타 제트 스캔들 엠 케이 투

다. 너희들은 모두가 나의 가소로운 적, 내 밖에 있다. 아니

너희들은 모두가 내 친구들이야, 내 안에 있어. 아니

너희들은 모두가 나 자신, 지금 여기에 있다. 아니, 아니, 뒤돌아

보지 마!

…………

어느덧

108번째 영화에서

무서운 곳을 피해 더 무서운 곳으로

끔찍한 날들을 피해 최악의 순간들 속으로

뒤돌아

보지 않고 내달던 겁

에 질린 악령과

헤어져

이제 지옥에서 뛰어놀다

연쇄살인마 1 – 테드 번디

나는 느낀다. 고로 나는 존재한다. 나는

무엇이든 할 수 있다, 널
속일 수만 있다면

세상을 속이면 세상은 존재하지 않는다.

씨발, 나는 전쟁터의 병사처럼 아무렇지 않게 사람을 죽인다. 죽이고 싶을 때 나는 참지 않는다. 정확하게 도화선에 불붙는 폭탄처럼 똑똑하다. 엄마, 아빠를 속일 수 있다면, 애인을 속일 수 있다면, 모든 세상을 속일 수 있다. 호기심에 사람을 먹어 보기도 했지만 그건 먹으면 안 되는 이유가 딱히 없기 때문이었지 사람을 먹어보고 싶어 미치겠어서 살인을 한 건 아니다. 물론 그런 새끼도 있긴 있다고 하더라. 난 정신병자보다 너를 더 닮았다. 그래서 넌 날 경계하지 않는다. 난 악마보다 더 너를 닮았다. 그래서 넌 내가 망치를 들고 네 머리를 갈기는 순간까지 무슨 일이 일어나고 있는지 모른다. 난 필요할 때 울고, 필요할 때 난 미친놈이니 날 연구해 달라고 하고, 필요할 때 도덕을 들먹인다. 내 방이 검색당하고 좆나 쪽팔리게 모든 게 들켜버렸을 때, 내 자위 기구와 도색 잡지들과, 섹스 한 번 해 볼

려구 별난 짓 다해 껄떡거린 일들이 다 들켜 버렸을 때, 넌 경악한다. 그리고 안심한다. 그 방 안 가득한 시체 중에 네가 없기 때문이다. 파란 플라스틱 쓰레기통에 간과 심장이 가득하지만 내장들끼리는 이제 너, 나를 따지지 않는다. 함께 썩어가는 미끄러운 '너' 들이 나에게 고백한다, '우린' 아무것도 아니에요. 대형 냉장고 안의 팔, 다리, 머리 들이, 누가 누구 것인지 알 수 없는 비슷비슷한 창작물들이 범인류적 표절을 고백한다, '난' 아무것도 아니에요. 내 뱃속에 들어온 그녀의 고기가 녹아가며 말한다. 나도 당신이죠. 당신이 난가요? 모든 경찰과 신문이 부적절한 연속적 살인에 관해 떠들며 테드 번디가 얼라리꼴라리… 소리 질러도 난 끝까지 인간성과 법에 호소한다. 증거가 있나요? 내가 죽으면 죽은 사람들이 돌아오나요? 이미 죽은 사람들은 없는 것이기에 나도 없는 것이 돼버리고 만다. 사람들은 날 없는 것으로 만들려고 한다. 많이 죽여 봤기에… 좀 겁나긴 하지만 내가 죽는 것도 견딜 만은 하다. 죽기 전에 최후로 가족들을 안고, 기념사진도 찍어가며 하소연을 해보지만 집행관은 끄떡도 않는다. 전기의자의 볼트가 조여지고, 가장 영악하고 정체가 밝혀지지 않는 연쇄 살인마, 아직 잡히지 않은 놈이 날 전기의자에 앉힌다. 난 내가 죽인 자들만큼이나 무력하다. 불공평하다. 난 모든 것을 밝혀야 했지만 놈은 아무것도 밝히지 않았다. 놈이 나와 우릴 속인 이상 놈은 존재하고 전능하다. 난 속았다. 나를 알고 내가 모르는 상대와의 트럼프는 어차피 지게 되어있는 게임이다. 괴물은 어둠 속에 있을 뿐이죠! 엄마, 아빠를 속이기 시작했을 때 난 그걸 알았다. 애인을, 판사와 경찰을 속이려고 했을 때 난 그걸 알고 있었다. 소름 끼치는 진실은 하나다. 난 너희와 똑같다.

난 운명이나 신에 대해서가 아니라
사람이 사람을 죽이는 것에 대해

말했다.

욕망했다.

행했다.

연쇄 살인마 2 – 헨리 리 루카스

난 오늘 과속으로 딱지를 뗐죠
어젠 아빠와 엄마를 죽였고요

오늘 풍기문란으로 구류를 살았어요
어젠 내 애인을 쓰레기 봉지에 담아 버렸죠

도시에서 우리가 상식적이어야 하는 사항은 몇 개 안 돼요. 그것만 할 줄 알면
난 원숭이들 사이에서도 살 수 있죠
관계에서 우리가 지켜야 하는 것은 얼마 안 돼요. 그건 굳이 연기도 필요 없는 거죠. 그것만 지키면
난 외계인들과도 친구가 돼요

나쁜 손버릇이 있어요

가게에서 장난감을 훔치는 버릇 말고요
벨 누르고 도망가고, 장난전화 거는 버릇 말고요
허풍치고 툭하면 거짓말하는 버릇도 아녜요
뇌물 받기 좋아하는 버릇 말고요

사람을 죽여요 자꾸

그것 땜에 오래가는 친구도 없고, 애인도 없죠.
귀찮아지면 죽이거든요 좀
외롭긴 하지만…

재수 없게 걸렸죠. 영원히 안 잡힐 수도 있었지만 이렇게 잡혀서 벽만 마주보고 네가 한 짓을 생각하라… 화두에 잡혀 사는 것도 썩 나쁘진 않네요. 난 모범수죠. 수도승인가… 내가 나의 화두이자, 당신들의 불쾌한 화두이기도 한 것이, 무슨 썩…

아! 왜 잡혔냐구요? 재수가 없었다니까요. 몇 군데 잔 실수를 한 게 들통났죠. 물론 내가 죽인 더 많은 사람들은 아직도 흙 속에서, 쓰레기 하치장에서, 물속에서
안전해요. 누구도 그들의 익명을 해치지 않죠

대도시에선 하루에도 수십 명이 죽어요. 난 연쇄적으로 죽이긴 하지만 같은 장소에서 같은 방법으로 그 짓을 반복하지는 않죠. 항상 조금씩 틀리게 해요. 총은 한 번 쓰면 같은 총을 또 쓰지 않죠. 강간을 하고 죽일 땐 정액을 남기지 않도록 신경을

써요. 난 도시에서 도시로 떠돌아다니죠. 나와 가까운 사람을 죽이기도 하고, 모르는 사람을 죽이기도 해요. 중요한 건 그들이 혼자 있을 때 죽여야 한다는 거죠. 혼자 있는 건 없는 거나 마찬가지거든요. 흔적이 없죠. 나도 없는 거나 마찬가지죠. 수많은 범죄의 통계… 살인, 강도, 강간, 폭행, 사고, 실종의 익명성 속에서 부유하는 유령이죠. 소문이죠. 어제 학교 뒷동산에서 누가 잡아먹혔대드라

난 평범해요. 평범해서 사람들은 날 잘 기억하지 못해요. 게다가 적당히 친절하기까지 하죠. 날 귀찮게 하지만 않으면, 밤늦게 혼자 다니다 내 눈에 띄지만 않으면 당신은

안전해요. 난리 법석을 떨고 화려한 묘지를 조성한다 해도 죽음 자체는
조용하거든요

나쁜 버릇이 있긴 하지만
난 이 도시에 잘 적응해 서식하고 있었죠
재수 없게 쥐덫을 밟지만 않았으면
아직도 당신은 거리에서 날 볼 수 있었을 텐데

이 감옥,
동물원도 썩

나쁘진 않군요. 난

조용한 게 좋아요

인터뷰

1. 거리의 소년에게 묻다.

난 사랑받지 못한다는 것이 어떤 건지 잘 알고 있죠. 나쁜 년… 어렸을 때 엄마 때문에 확실히 알게 됐죠. 날 여러 번 낙태시켰거든요. 내가 누군지도 알고 싶어 하지 않고, 내 얼굴을 한 번 보려고도 하지 않고 말야…

난 사랑을 받아야 했죠. 하지만 이 괴물 같은 날 누가 사랑해 주겠어요? 난 괴물이야… 개 같은 년. 우리 엄마라니까. 날 보더니 “이게 뭐야? 영화에 나오는 애기들은 다 천사같이 이쁜데. 이건 새빨간 고깃덩어리잖아? 이걸 징그러워서 어떻게 키워?”

사랑을 받아야 했어요. 그래서 누가 사랑을 받나 지켜보았죠. 어떤 사람이, 어떤 행동을 하는 사람이, 어떻게 생긴 사람이 사랑을 받나 말이죠. 테레비 채널을 뒤져 보았고, 우리 반 애들 뒷조사를 해보고, 아르바이트를 가장한 설문 조사도 돌았죠. 콘서트장과 부흥회, 데모하는 데도 쫓아다니며 입회하고, 전도하고, 친구하자고 졸라서 따라다니면서, 시다바리하면서 흉내내고, 그러다 야마 돌면 스토킹도 하고 협박도 해서

그 비밀을

먹었어요. 눈으로 먹고, 귀로 먹고, 입으로 먹고, 밤새 그 짓하면서 몸으로… 잘 씹어서 내 뱃속에 차곡차곡 쌓아 두었죠, 집요하고, 분석적으로, 고민하며, 괴로워하며 섞어, 비벼서, 오랫동안 잘 소화해서, 흐물흐물 하얗게 녹아 붙은 무의식의 원형질… 그리고, 내 소장小腸의 기나긴 나날들 속에서 그걸 빚었어요. 그리고 마침내 그걸

싸 냈어요!

싸 내고야 말았어요. 사랑받아 마땅한 나를!

근데

…이제부터 하는 말은 off the Record로 해 주세요

가끔 그게 울어요

그거 말이에요. 진짜 나, 사랑 받아 마땅한 나 말구요. 이전부터 있던,

사랑을 받고 싶어 하던, 밑도 끝도 없는

구멍

말이에요. 어디서 우는지는 모르겠는데 자꾸
울어요. 외롭다고

사산된 쓰레기통 속에서
아무도 데려가지 않는 인큐베이터 속에서

나 그게 들킬까 봐 무서워서
내가 받은 것들을 다

줘요. 쏟아 붓죠. 그게 빽빽 울까 봐, 젖 달라고, 티브이, 라디오, 선데이 서울, 인터넷, 동네방네 소문낼까 봐. 그럼 아무도 날 사랑하지 않을 테니까. 응? 들키면 안 되니까

그럼 아무도
절대 날 사랑하지 않을 테니까

…잴 사랑하지 말라고 소문낼 테니까

난 견고하지만

모두가 날 사랑하지만

나도 날…

2. 거리의 소녀에게 묻다

아, 물론 그를 사랑했죠

난 내가 뭘 욕망하는지도 모르는 사춘기 소녀였고
그렇게 멋진 그를 어떻게 안 사랑할 수 있었겠어요
난 그가 돈이 많고, 자상하고, 잘 생기고, 섹시하고, 어딘가 고독하고, 지적이면서, 나밖에 모르고, 쿨하고, 유머러스하면서도, 분위기 있고, 쌈 잘하고, 스타에다, 귀엽고, 반항적이면서, 신비로워서…
또 뭐 빼먹은 거 없나

하여간 그래서 사랑했어요

그래서

사랑한다고 믿었었죠

하지만
그래서만 사랑한 건 아니었어요
다른 게 너무 화려해서 진짜 내 맘을 볼 수가 없었죠

난 그의 다른 모습을 봐요
잠들기 전에 보고
꿈속에서도 보고
깨어나서 꿈인지 생신지 모르는 와중에도
봐요. 참 이뻐요

이뻐요. 꿈에선 똥을 먹어도 더럽다고 생각지 않잖아요?

그의 다른 모습
그의 진짜 모습을

더

사랑해요

비록 그는 그걸 모르지만요
내가 떠날까 봐 허세부리고, 불안해하고, 울고 불고, 화 내고, 때리고, 선물 사오곤 하지만

그게 아니더라도 난
그를 떠나지 않을 거예요

이건 비밀인데

난 엄마거든요. 몰래 그를

뱄어요

스타 크레프트를 하다 2

그를 구하려면
그를 찾으러 가야 해

구할 생각이 없으면 안 가면 되구

'잃어버린 사원(Lost temple)' 의 전장 어딘가에
머쉰 건 하나로 무장한 그가 있어
질럿이 두 번만 드득 긁으면 죽는 한심하고 나약한 그가
몸 축나는 마약 오예! 쿡쿡 맞아가며, 드르륵 드르륵…

그의 악몽을 깨우려면
그의 꿈속으로 가야 해
감방에 처넣거나, 뇌수술을 하거나, 극기 재활 훈련을 한다고 되는 게 아냐

매딕이 되어서 치료를 해주거나…아프죠?
파이어 뱃이 되어서 쩌글링 새끼들 다 나한테 맡겨! 훅훅 불 뿜어주거나
탱크 타고 나타나서 이야호, 저기다! 대포 꽝꽝 받쳐주거나… 하여간

이 어리석은 싸움을 끝내도록 해줘야 해. 그가
사라진 곳에서
그를 찾아야 해 그의

지옥에서

저글링을 쫓는 뮤탈리스크처럼 그를 몰아!
암담해지게 하라고, 커세어에 쫓기는 오버로드처럼…
그가 가디언이 되었다고 기고만장할 때
클럭킹한 레이스가 되어 나타나라구
그가 그만 이 싸움을 끝내도록
끝내지 않을 수 없도록

그의 친구가 되어
그의 천적이 되어

그가 길을 잃어버리고 게임의 일부가 되어버린
잃어버린 사원으로

그를 사랑한다면 말야

사랑하지 않는다면 가지 마 다쳐
동정하는 거라면 끼어들지 마. 까닥함 너 죽어
아무리 어리석어 보이는 싸움도
그런 싸움으로 아무것도 해결되지 않을 것이 뻔해도

모든 삶은 전쟁이야

치유

1.

푸석푸석하다, 먼지로 만든 도시

부스러지는구나, 내가 만지는 사람들, 나를
만지려는 사람들

무너져 버린다, 기대는 벽, 단단해
보였던, 그리고

바래 버린다, 글씨들! 누군가가
누군가에게 남긴

오

녹아버리렴! 다
비가 오
면…

2.

푸석푸석하다, 먼지로 만든 도시

미동도 하지 않는 공기 속으로 걸어들어가는 게 미안하다. 언제나 그렇지만 이곳은 너무 조용하다. 기억 속에 남겨진 모든 곳들은 이토록 적막한가. 내가 떠나고 나면 모든 축제는 끝나는 거였나 보다. 안으로부터 아주 조용히 멸망해가고 있었니? 난 여기 발을 들여 놓고 싶지 않아서, 그냥 항상 먼발치에서 바라만 본다. 모든 기억은 그 속에 발을 들여 놓은 횟수만큼 닳아… 한순간에 허망하게 사라진다. 처음부터 아무것도 아니었던 것들 속으로 말이다. 땅은 티끌로 이루어져있다. 땅 위에 섰던 모든 것은 티끌로 돌아간다.

부스러지는구나, 내가 만지는 사람들, 나를
만지려는 사람들

속에 있던 것들 언뜻 드러난다. 조심해! 엉덩이 보인다. 무표정의 틈새로 눈물, 콧물 뒤범벅 된 널 보는 건 잔인하다. 서로 조금씩 부서뜨려 가다가 결국엔 뼈만 남아서 그 안에 박혀있던 보석이 빛나는 건, 참… 어이없는 훈장, 기가 탁 막힌다. 이렇게 비경제적이고 상호 피해일 뿐인 짓을 우리는 해 왔다. 게다가 너무 많이 하면 가끔 애도 생긴다. 빽빽 울면서 자길 책임지라고 한다.

무너져 버린다, 기대는 벽, 단단해
보였던, 그리고

속았어. 겉만 그런 거였어. 맨실맨실하세 금속성의 윤까지 나던, 바늘 한 땀 들어갈 것 같지 않던, 완고하고, 고루하고, 오래된 건 다 이유가 있다고 우기던… 난 당신을 정말 원했어요. 하지만 당신은 아버지가 되기엔 너무 어려서 툭하면 말 안 듣는다고 날 때리기만 했지요. 선생님이 되기엔 너무 멍청해서 자기도 무슨 뜻인지 모르는 걸 계속 암기만 시켜왔어요. 자기만 믿고 맘 턱 놓으라더니, 이게 뭐에요? 집에는 차압이 들어오고 식구들은 길거리에 나 앉게 생겼어요. 술만 먹으면 단가요. 집 나가서 서울역 광장에 옹기종기 모여 있으면 다냐구요.

바래 버린다, 글씨들! 누군가가
누군가에게 남긴

흔적… 그 흔적을 더듬어 먼길을 왔어. 이 길은 미끌미끌해. 의미는 여기에 머물다가 저기로 미끄러져가고 넌 저기에 있는 듯하다가 어느 새 여기에 있어. 이 길은 얇고, 깨질까봐 불안해서… 조심조심 딛고 나가다가 어느 순간, 확고한 널 발견하고 반가움에 겨워 영희씨씨씨… 철수씨씨씨… 슬로우 비디오로 달려가다 보면 바닥이 툭 꺼지는 바람에 우째 이런 일이… 배신감 때리며 끝없이 추락하기도 하지. 이 길은 진창이거나 뻘이거나 혹은 늪… 도대체 깊이를 알 수 없어. 발목에 질척거리는가 하면 허리춤까지 푹푹 빠지기도 해. 얼마나 깊은 곳에 발 디딜 의미가 있는지 난 몰라. 그냥 가는 것뿐이야. 자꾸 가다 보면 길이었던 것이 다 닳아져 길 아닌 것이 될지 모르니까… 그것도 일종의 희망일 지도 모르니까…

오

녹아버리렴! 다
비가 오
면…

이 고대의 도시엔 천 년간 비가 내리지 않았다고 한다

언제나 한 낮이던 이 사막에 지금 그림자가 드리운다

박제된 시간이 숨죽여 지켜보는 가운데 먹구름이 뭉게뭉게 피어오르고

자폐아가 더 이상 참지 못하고 꺄악 비명을 질러댄다

마른번개가 번쩍 허공을 가른다

갈! 스승이 화두를 던지고 오랜 번뇌가 해탈을 한다

꽈광! 번개가 친다

베토벤의 운명 교향곡 첫 마디가 울리고

그녀는 마침내 오랫동안 참았던 눈물을 흘린다. 수도꼭지가 고장 난 것처럼 한없이 한없이 운다. 아무도 살지 않던 이 고대 도시가 무너지는 걸 슬퍼하는 건 귀신들뿐이다. 모두가 박수를 치고 꽃다발을 건네며 한 바탕 소나기가 내린 이 열성의 무대를 축하한다. 그녀는 이제 치유된 거다

괜찮을 거야

여길 거야 이게 문제였을 거야

척추를 끄집어내며 네가 말했다. “이게 아프면 빼내면 되지. 응? 구부러져서 그런가?”

난 흐물흐물해진 채 말한다. “아픈데, 게다가 설 수도 없어?”

“그럼 이건가?” 넌 커다란 간 덩어리를 끄집어내서 이리저리 헤집어 보며 묻는다.

보고 있던 형광등 조명이 어쩔 줄 몰라 창백해진다.

“아냐. 그게 없으면 허전하고 피곤해.”

“하여간 아프다고 하니까 아픈 걸 끄집어 낸 거 아냐?”

“하지만 그게 없음 노래할 수도 없는 걸?”

“노래? 그럼 저가형으로 사운드카드 하나 끼워줄까?”

지켜보던 형광등은 기가 막힌다는 듯, 더 하얘진다.

“맘대로 소리가 나질 않아.”

“참아, 디지털 비트가 낮아서 좀 버벅거리는 것뿐이야. 익숙해지면 그럭저럭 노래할 수 있을 거야.”

“노래를 하는 게 문제가 아니라, 잘하는 게 문제 아냐?”

“그거야 잘한 적이 있어야 보증이고 보상이고 받지.”

“근데 치료비 받을 거야?”

“응, 이루어진 거는 다 행위 당 얼마씩 가격이 매겨져 있어.

그대로 합하면 돼."

"아까 그냥 뺐다가 도로 넣은 것도?"

"그건 뺀 값이랑, 넣은 값이랑 합해야 되지."

"정말이야?"

"다들 그래. 영수증 봐봐 빼 먹은 거 있나. 빼 먹은 거 없지?"

형광등은 질린 듯 노랗게 떴다.

"안색 좋은데 뭘. 또 문제 있음 불러."

"돈이 없으면?"

"카드로 긁으면 돼."

난 흐물흐물해지고 꼬맨 자국투성이인 채 멱살을 잡아 볼까 하다가. 혼자만 너무 유난 떠는 거 아닌가 해서 참고 만다. 베고, 자르고, 조립하고, 해체하고, 죽고, 태어나고 해도 주위는 시끌벅적할 뿐… 별 일 아닌가 보다, 죽건 살건…

정말 그게 문젠가?

싸움

…그래서 날더러 뭘 어쩌라고!

이제 너에게 질려버렸다. 너의 하소연도 진담도 이젠 들리지 않는다. 먹먹할 뿐이다. 도망치고 싶을 뿐이다. 넌 나를 쫓아오며 울지만, 손잡아 달라고 하지만, 소용없다. 무섭다. 너의 스트립쇼는 네 어둠까지 드러내고 그것은 나의 어둠이기도 하고… 한 뭉탱이의 어둠이 뭉게뭉게 내 눈을 가리고 내 귀를 막고, 넌 이제야 진심을 말하지만 너무

늦었다. 난 이미 너와 나를 구분하지 못하고, 한 말을 또 하고, 한 짓을 또 하며, 고집스럽게 밀고 나가다가, 화를 내고… 운다. 네가 드러내는 나는 더더욱 나를 절망케 한다. 비슷하지만 추한, 닮았지만 부끄러운

내가 짜증나게 징징거리며 쫓아온다. 구구절절한 사연들에 질려 똑바로 볼 수 없다. 안아줄 수 없다. 내 유방에서 절망적으로 젖이 흘러넘쳐도, 어둠을 가로질러 강을 만들어도, 난 아무것도

주워 담을 수 없다. 외마디 소리가 대화를 대신하고, 부욱!

얇고 애절한 막들이 찢어지고, 막무가내로 치닫는 싸움 속에 넌 나를 사랑한다고 하고, 난 널 지겨워하고, 살려달라고 하고, 넌 가망 없는 어음을 내밀고, 난 다리 아래로 뛰어내리고, 차도에 뛰어들고, 끝없이 수면제를 삼키고, 숨을 참은 채 물속으로 더

깊이, 더 깊이 가라앉고 싶다. 깨어나고 싶지 않다. 깨어나고

……

싶다

매미

너뿐만이 아냐
하얀 여름의 마지막을 처참하게 울며 보냈던 건…

한 번 하고 싶다는 마음이
소리를 내게 된다면
이다지도 요란하고
절실해지는 건가 쉬지도
않고 잠시 잠드는 때를 빼면
뜨거운 계절 내내…

까맣게 말라붙은 엄지손가락 같은 내가
이 공허하고 내밀한 숲을 가득 울린다

그 시끄러운 날 때려잡으려고
너는 치마 펄럭이며 뛰어다니지만
그 절절한 나랑 한 번 하고 싶어서
너 빨갛게 달아올라 두리번거리지만
TV, 신문, 잡지… 어디에서나 시끄러운 날, 만나고 싶어
눈물 가득 고여 어쩔 줄 몰라 하지만

넌 작고 까만 나를 찾지 못한다. 숲은 너무 깊고
숲은 모든 것이 너무 똑같다…

어느 날 섹스가 끝나고 구불구불한 침내의 어느 이불자락 구석에서 날
발견하고야 만 너는
내가 까맣게 말라붙은 엄지손가락만 한 것에 놀란다
난 부끄러워 할 여력도 없이 꿈틀댈 뿐이다

여름이 가고 있다

푸르딩딩

푸르딩딩해져 버렸다

나 아무것도 안 하다 보니
하나씩 하나씩 내 안의 불발탄들 제거하고 보니
안 예쁜 거, 언제 들킬지 몰라 불안한 거, 하면 혼나는 것들
하나씩 발라내다 보니 어느새

푸르딩딩해져 버렸다

너무 많이 했더니
덤벼. 다 덤벼. 다 내 꺼야. 내가 다 먹을 거야
이것도 맛있고, 이것도 맛있고, 이 철없는 허기가 천년만년 갈 줄 알았더니
하고 아무것도 남기지 않았던 것도 있고
할수록 쌓여가는 것도 있었는데… 하여간
너무 많이 하면 몸에 해롭다더니

푸르딩딩해진 채로
나 거울 보며 넋 놓고 있다

"괜찮을 거야 키 크려고 그러는 걸 거야" 혼잣말 해보고
"뭐든지 하다가 한 단계 더 나아질 때쯤이면 무지하게 안 되곤 한대." 위로해보고
"이젠 딴 거 할 때도 됐지 뭐, 멋진 변화가 기다리고 있을 거야." 희망에도 차봤다가
"이럴 때도 있고, 저럴 때도 있는 거 아냐?" 냉소적도 되어봤는데

불어터진 국수가락 같다 모든 가닥들
조금 이어지다가 뚝 끊어져버린다 그냥 막강하게

푸르딩딩할 뿐이다

뚝 멈춘 채
좌회전, 우회전, 전진, 후진, 기아4단, 다 해봐도
딱 막힌 채

되돌아가거나 그냥
밀고 나가거나 어쨌든
푸르딩딩한 거 이후는 알지 못한 채

막막하기도 하고
아무것도 아닌 것 같기도 한

이후에 대해선 말만 무성하지 듣도 보도 못한 채

푸르딩딩하다

사각사각

사각사각 갉
았다. 아무도 모르게, 책상 모퉁이
구멍이 점점 더 커졌다. 몰두
해서

들여다보면, 못 튀어나온 아래로, 책상 밑 서랍, 책들이 속살을 드러냈다. 사각사각…

선생님이 내 옆에 와서 보고 있는 걸 알지 못했다. 애들은 어리둥절해하다가 와아 웃었다.

뭐하고 있었어?

……

뭐하고 있었냐고?

……

선생님이 내 손의 조각도를 뺏더니 내가 뭘 하고 있었는지

가르쳐 줬다.

책상을 훼손하면 돼?

난 책상을 훼손한 죄로 교실 뒤로 가서 손들고 서 있었다. 뭘 하고 있었는지 대답해야 하는 곤란함보다는 손들고 있는 게 훨씬 나았다.

며칠째 사각거렸는지 모른다. 문득 전화벨 소리에 소스라치게 놀라

요새 뭐하세요?

……

고백

내 시의 대부분은
창피한 것, 입 밖에 내 놓기도 부끄러운

실토, 흥분 되는 말, 섹스할 때 쓰는 비밀의 소리 – 그 소린 아플 때 내는 신음 소리와 똑같다.– 사정은 비슷한 짓을 계속 반복하다 보면, 뜬금없이 무언가 툭 떨어지는 것, 감각의 절정이 물질적인 하얀 것으로 바뀌어. 어? 이게 나야? 난 어디에 있었던 거지? 홍콩이야? 이 방 안이야? 당신의 젖무덤 사이던가? 어리둥절한 채, 어색하게 모텔을 나와 – 당신은 거울을 보고, 난 샤워를 하고 – 일상의 직장에 다시 출근해서, 무슨 일이 있었던가. 왜 이렇게 허탈하지? 아무리 기억해 내려 해도 간밤 내내 날 울게 하고, 웃게 하고, 두려움에 떨게 한 꿈은 기억나지 않는다. 써 놓은 시를 하얀 종이에 찍으라고 프린터에게 명령하고 나서, 아무 생각 없는 부하 직원 앞에서 난 허세를 부리듯 머쓱하다. '저어…' '(흠짓 놀라며) 뭐, 뭐가 불만이야. 뭐 잘못된 거라도 있어?' '그게 아니라. 인쇄용지가 떨어졌는데요.' '아아, 그러면 사와야 겠군… 아니, 아니 자넨 일 봐. 내가 가서 사오지' 도망치듯 그 자리를 피하며, 이걸 인쇄하고, 박제해서 내가 무슨 천년만년 영생을 누리겠다는 건지. 갑자기 서글퍼진다. 쌓을 수 없는 걸 쌓는 죄를 범하여 과장, 부장, 그 다음엔 이

사, 전무, 어디까지 올라갈 수 있을까. 퇴직당하는 건 거짓말을 하고 또 하고 그걸 감추려고 또 거짓말을 하다가 한꺼번에 들통당하는 것 같을까. 얼레리 꼴레리… 언젠가 어렸을 때처럼 섣불리 고백했던 그 애 앞에서 난 또 다른 애들에게 놀림감만 될까. 난 아름다운가, 아님 미운가, 거울이 없이는 동화는 성립되지 않나? 내 시의 대부분은

내가 어찌할 수 없는 것들…

타이밍

사소한

도박벽이 있어. 집 앞의 오락실에 가위 바위 보 하는 기계를 지나갈 때마다
100원씩 넣고 기계랑 가위, 바위, 보를 하는데 통계는 안 내봤지만 딴 거 보다 잃은 게 더 많을 거야

따면 기분 좋아서 또 하고
지면 기분 나빠서 또 하고
결국 두어 번 지고 나야 그만하니까

때가 있다고들 하지
견딜 수 없을 때가 그때일까

기다리면 된다고들 하지
더 이상 기다리지 않게 될 때가 그때일까

아무도 가르쳐 줄 수 없다고 하지
중요한 것들은 다 그렇지

결국 우린 사소한 것에만 목숨을 걸고…

문득 물속으로 걸어 들어가…

물을 바라보며, 물고기들에게 빵 쪼가리를 던져주며, 연못의 물은 이끼가 끼어 초록색이고, 이 초록색은 참 징그럽다는 생각을 하면서, 왜 같은 초록색인 수목은 싱그러운지, 징그러운 것과 싱그러운 것은 왜 발음이 비슷한지 생각했죠. 물고기들은 내가 던지는 빵 쪼가리에만 관심이 있었죠.

……

모든 것은 그때 시작되었죠. 어떡해야 할지 완전히 맘을 먹지 못했을 때, 망설이는 순간이 영원처럼 느껴질 때, 내가 누군지 아직 모를 때 말이죠.

아마도

물고기들에겐 안 그렇겠지만, 난

몰속으로 걸어 들어가는 게 척척하고 미끌미끌해요. 조금씩 조금씩 숨이 막혀가는 느낌, 피부 호흡에 방해가 되나… 내가 죽으면 물고기가 날 먹겠죠. 미생물, 가재, 물속 식물들까지 내 몸을 이루던 것으로부터 일용할 양식을 얻겠죠. 죽은 것을 먹

는 건 괜찮아요, 아프지도 않고, 근데 왜 상어처럼 살아 있는 걸 죽여서 먹는 건 끔찍할까

성경 창세기엔 이런 말이 있죠. 사람이건 짐승이건 살아있는 때에 피 흘리게 하지 마라. 내가 반드시 복수하리라… 죽은 걸 먹는 건 괜찮아요. 내가 햄버거를 먹듯, 물고기가 빵 쪼가리를 먹듯, 날 먹겠죠. 하지만 먹을려구 죽이는 건, 죽이는 걸 보는 건, 죽이는 데 관여하는 건… 끔찍해요. 초록색 물은 징그럽죠. 초록 수목은 싱그럽지만 말이죠. 왜냐하면 죽'은' 건 단지 사물일 뿐이지만 죽'는' 건 사건이기 때문이죠. 죽는 건 묻

어요. 냄새나죠. 죽이건, 죽여지건, 죽는 걸 보건… 으으, 스너프 필름 보고 나면 잠이 안 오죠. 가슴

은 물에 적응하는 경계선이에요. 샤워할 때도 그렇죠 가슴이 젖기까지는 왠지 저항감이 있지만 그 담에는 아무렇지도 않게 물에 몸을 맡기게 되죠, 오히려 즐기면서… 죽음은

묻어요. 가슴

께에서 망설였죠 망설임이 점점 젖어들어갔죠 망설임과 죽음이 서로 섞여들었죠.

미끈덩

빠졌어요! 아직 아무것도 결단하지 않았는데! 초록 물은 징그러워요! 이끼 때문이죠! 정신없이 허우적거렸어요! 아무 생각 없이! 더러운 물이 목을 지나 폐에 묻었어요! 아파요! 절박하죠! 발은 허공을 빼곤 아무거나 딛고 싶어 해요! 허우적허우적

거리다 보면 재수 없음 더 깊은 데로 빠져 들 수도 있었겠지만…

어느새 난 물가에 엎어져 있죠. 캑캑거리며 일어나 보니 무릎 깊이도 안 돼요. 물고기들은 다 도망가고 없어요. 모든 것은 미끄러질 때 시작되었죠. 난 다시는 물로 들어가지 않을 거 같아요. 죽음은

묻어요. 초목이 싱그럽네요

새 책에 베다

새 책을 샀다.
빳빳하게 옆구리에 와 닿는 긴장감
이 좋다. 뭔가 해야지 하는 즐거운 부담
의 무게

책을 펼치다가

새하얀 종이를 넘기다가
그만 책장에 베었다 피가
또렷또렷한 글씨들 위로
뚝 뚝

종이로도 사람을 벨 수가 있구나
이만한 결기면…

고집스러운 새 책, 지가 무슨 우국지사라고
가운데 어디, 힘 빡빡 주고 협박해서 펼쳐 놓으면
아예 꽝! 책 덮어버리거나
엄한 데로 홱 펼쳐진 채
자존심하고는

....

오래된

아주 자주 펼쳐보고 자주 끄적이던 책을 들고 가다가
문득, 새 책에 벤 마음에
익숙하여 거의 못 느끼던 편안한 무게감
을
다시 만지다. 반창고 붙인 시린 손끝으로 펼쳐도
스르륵 마법처럼 원하는 페이지로 가는
누런 종이, 익숙한 메모들, 한 장 한 장 부드럽게 넘어가는
낱개의 장들, 어디를 펼쳐도
불편해 하거나, 다른 곳으로 넘어가지 않고 그냥 순하게 그대로
있는
그리고, 나만의 밑줄들…

새 책에 벤 마음에

이번엔 사놓고 거의 읽지도 않은 오래되기만 한 책을 꺼내다

가…

콜록 콜록!

오오 오래되고 잊혀진 것들마다 걸려진 먼지의 저주

옆구리에 낀 책의 느낌이 영 어색하다, 수줍어하는지, 낯가리는지

쾅! 불편한 무게감을 참고 책상에 가져와 내려놓으니

뭐 어쩌자는 건지, 딱딱한

겉, 쭈글쭈글 말라붙은

책장들, 꼬막조개처럼 꽉 다문

페이지들은 결사적으로 들러붙어 한번 넘기면 열 장, 백 장씩 그냥 넘어가 버린다. 다음 페이지 넘기려고 억지로 손가락에 침 발라 펼치면 딱 붙어 있다가, 찌찍! 찢어져 버리기까지 한다. 벌려 놔도 뭐가 부끄러운지 못내 가만있지 못하고 다시 치마 내리려는 걸

억지로 벌리니 우지직 소리가 난다. 뻗댕기다가 그냥 쩍 갈라져 버리는 거다.

이제 시원해?

오랜 시간과 습기로 젖어 딱딱해진 페이지 가장자리들의 슬픈 게토
안으로
연약하고 하얀, 한 번도 펼쳐지지 않았던 백지가, 글씨들이
처음으로 아픈 바깥공기를 쐬며
내 시선을 비껴
물끄러미

나 새 책에 베어 피 보고 나서
연애에 대해 다시 생각해 보다

지하철
안…

빈 자리를 찾아 앉아서
형광등으로 창백하게 밝혀진 어둠 속을 응시한다. 무늬
무늬 무늬들뿐… 술
취한 마음의 주위를 우울한 구름이 떠
다닌다. 여자는 반쯤 옷을 벗은 채
함부로 위험한 꿈길을
걷는다. 우리가 어디로 가고 있는지
이 미친 듯한 질주가 알고 있다

언제까지 어지러워했는지 알 수가 없다. 이젠 달리지 않으면 불안할 거다. 불감증에 걸릴 정도의 속도, 나를 정확하게 정차역에 데려다 줄지, 종점에 떨구어 버릴지, 이 속도만이 알고 있다. 무늬 무늬…

무늬들뿐… 형체를 알 수 있는 것들은 너무 빨리 스쳐가 버린다. 어둡고 밝고 없이, 달린다. 슬프고 기쁘고 없이… 달린다. 얼마나 떨어진 먼 곳에서 어린 내가 울고 있는지 모른다. 길 잃은 채 아직도 헤매고 있는지…

빈 자리를 찾아 앉아서
덧없이 피로를 달래는 이 짧은 빙의

미칠 듯한 속도와
무늬, 무늬들…

꽃을 사랑하는 너는

꽃을 사랑하는

너는 나를
사랑하고 나를
사랑해서 내게 꽃을 보낸다

꽃을 아주 많이 사랑하는 너는 나를 아주
많이 사랑하고, 사랑해서

내게 꽃을 보낸다

너를 사랑하지만 꽃을 그다지 사랑하지 않는 나는
널 사랑해서 그냥
꽃을 받는다

사실은

…내 주위엔
칼들이 있어. 아주 반짝거리는 얇고, 예리한
칼들이 내 주위를 둥둥 떠다녀. 어릴 적부터 난…

베인 자국투성이야…

넌 내 말을 믿지만

그 칼들을 보지는 못하지

늦은 밤 어두워서 더듬거리다가 칼에 베이면
난 널 부르지만

내 안에 흐르던 물결이 거세져 칼들을 일렁이게 하면… 그나마
물결 순한 나날들, 조심조심
잘 피해 다니던 나…

또 만신창이 되어
애처럼 울며 널 찾지만

내 피도, 상처도, 칼도 보이지 않는 넌
다음날 꽃을 보낸다

꽃을 사랑하는 넌, 나를 사랑하고
나를 아주 많이 사랑해서…

검은 숲

검은 숲에서
또 싸움이 벌어졌더랩니다

느리게 푸르러져가는 나무들에게 사내들은 피를 먹였대요. 나무들은 옹이진 근육처럼 구불구불 더 굵어졌죠. 숲 속에서 길을 잃으며, 만나고 헤어지면서… 로마의 군단이 게르만 전사들에게 전멸당하고, 베트콩들은 한국군을 저격하고… 서로가 서로를 찾아다니며, 서로가 서로에게서 도망쳐 다니며, 넓고 깊은

숲에서 도망가고 싶어 하면 할수록
나무들은 숲 안으로 길을 내고, 가지를 뻗고
숨으려 들면 들수록
밀고하고 막
다른 곳에서 마주치도록 음모를

꾸몄죠. 어리석은 사내들이 싸우다가 죽어 갈수록 숲은 더욱 깊어져 가고, 검푸르러지고, 유방이 풍만해지고… 푸른 하늘 아래 피가 번질 때마다

죽은 병사들의 몸엔 다투어, 깔깔거리며 꽃이 피었죠

와아! 숲의 요정들이 몰려다녀요. 어려서 죽은 아이들이죠. 숫자가 많은 편에 붙어서 욕하고, 조롱하고, 돌을 던지고… 고립된 사병이나 분대는 밤새 누군지도 모르는 적들과 싸워야 했죠. 베고 또 벤 것은 버섯 대가리들이었을 뿐

이죠. 전쟁이

벌어졌더랩니다. 아무도 이유를 몰라요. 언젠가 여자들이 말을 그치고

도망가기를 그치고, 울

기를 그쳐, 나무 속에 숨어 버려, 나무가 되어 버려서

누가 원래 나무이고

누가 원래 여자인지 알 수 없던

날 이후

청명하고 맑은 죽음이 강간과 약탈의 기억을 숨겨주던

검은 숲 속에서 말이에요

마법의 용, 팝

용은 혼자서 사는 동물

암컷과 수컷도 없이
알 수 없는 고독의 의지로 태어나

욕방을 배울 수는 있지만 가질 수는 없는

마법의 용 팝은 소녀와 어울려
사랑을 배우느라 더불어 외로움을 배우고
왜 다들 날 무서워하지?

소녀가 말하길 "네가 화를 내면 입에서 불이 나와서 뜨겁단다"
용은 화를 내지 않으려 참고
화를 내지 않는 용은 무섭지가 않으니
왜 다들 나를 놀리지

소녀가 말하길 "넌 우리랑 틀리니까"

소녀는 소년을 사랑하게 되고

원래 여자는 한 번에 한 명밖에 사랑을 잘 못하므로…

마법의 용 팝은 소녀에게 사랑을 배웠으나
소녀가 용을 사랑하지 않게 되자
사랑을 가지지 못하는 용은 외로움만을 배울
뿐… 하지만 화를 내지 말자. 화를 내선 안 돼

걘 우리랑 틀려, 아이들은 용을 놀리고
걘 우리랑은 틀리단다. 어른들은 아이들을 집안에 가두어 둔다

화를 내선 안 돼

용은 마을에서 살지 못 한대요
그래서 마을 근처 호수에 어설프게 머무르며
긴 목을 들어 소녀의 집을 굽어 볼 뿐

소년과 소녀가 결혼하던 날
용은 하늘로 솟구쳐 교회당으로 날고
종소리 속에 신부를 납치했네

왜 날 사랑하지 않지?

넌 우리랑 틀리니까. 소녀는
꽃다발을 든 채 울고, 용감한
소년은 갑옷에 백마 타고 달려오다가

그날은

결국 터질 듯한 외로움에 용이 화를 내버린 날

마을은 불바다가 되고

기사는 소녀를 구출했을까
아니면 불 속에 사라졌을까

하여간 용은 사라졌고
마을은 평화를 찾았고
노래할 이유가 충분한 사람들은 기사와 소녀를 기리네

용은 혼자서 사는 동물

사랑을 배울 수 있으나 가질 수 없는

팝, 어느 험한 바다 끝 절벽에서
더 이상 다시는 외롭지 않겠지, 사랑은

원래 너의 것이 아니었으므로

여자는 살림을 차린다

장난감 병정들이 난장판을 만들어 놓은 놀이방 구석에
어느새 계집아이는 자기의 영역을 만들어 놓았다

다리 부러진 인형 하나가 남편이 되
나. 태어나고 죽는 시끄러운 바람들이 잠시 야단맞고 잠잠해지는

어느 한순간

에 여자는 빙의한다. 떼쓰고, 울고, 소리 지르며 멋대로 군림하는 욕망들
의 높은 탑 위에도

여자는 좌판을 벌린다. 그녀의 것이 아닌 것들로 틀을 짜고 모양새를 다듬어
그 모든 그녀 아닌 것들 속에 스며들어 그녀 자신이
집이 된다. 문과 창이 있고, 방마다 식구들이 산다. 들고 나가는 운명들은 더 이상

제멋대로일 수 없다. 머리를 단정히 빗고, 상의도 바지 밖으

로 삐져나오면 안 된다. 이윽고 그녀는 준비된 아이들에게만 단

하나뿐인 대문을 연다

인형의 전설

약해요 난, 눈물 줄줄 흘리며, 약해요, 콜록콜록… 예쁜 인형, 난 못해요, 이런 거 시키지 마요, 점점 껍질이 얇아진다, 진짜예요, 난 병자예요, 점점 창백해진다. 거의 투명해져 버리는 것 같다. 진짜라니까요, 이러다 죽을 거예요. 하얗고 매끈한 사기로 된 인형의 피부, 점점 얇아지다가, 마른 양파 껍질처럼 야위어 파삭

부서진다. 더 이상 소리 낼 입이 없어 울음소리 나지 않는다. 더 이상 울 눈동자가 없어 아무것도 젖지 않는다. 죽음은 건조하고 공평하다. 파사삭! 더 이상 네 푸념을 듣지 않아도 되는 모든 사물이 안도한다. 푸스스, 아주 약한 바람에도 넌 점점 더 작은 먼지로 미분된다. 점이 되어라, 점이 되어라, 허무의 이데아, 결코 다다를 수 없는 영차원, 점이 되어라, 랄랄라

먼 훗날

누구 저기 갈라지는 길에서 울고 있던 인형 못 봤니? 사냥꾼이 묻자

모든 걸 알고 있는 전나무는 침묵한다

누구 사기로 만든 내 딸아이 못 봤니? 초록 옷을 입고 활을

든 사냥꾼이 묻자
다 기억하고 있는 떡갈나무는 푸스스스 소리만 낸다
갈랫길에서 어디로도 가지 못하고 울던
소녀를 찾으려고, 사냥꾼, 천 년 동안 쌓인 낙엽 속으로 걸어 들어간다
그의 활은 강하고 그의 단검은 빛나지만
발은 점점 낙엽 속으로 빠져 들어가고
그가 활을 들어 무언가 쏘려 할 때는
너무 늦었다. 화살 하나가 겨우 그의 모자 위 낙엽을 뚫고 날아 올라가
피이이잉, 슬프게 울며 구름 속으로 갔을 뿐
구름을 지나 다른 별로 날아가
누군가의 심장에 콕 박혀
누군가의 꿈속에 슬픈 기억을 불러일으킨다
아주 오래된 물
정지된 물속에
회오리를 일으킨다

누군가가 이유 없이 운다

난 아주 약해요… 불안하답니다…

이상한 나라의 소녀

한 소녀가 있었죠

사람의 마음을 맑아지게 할 수가 있었는데
잘은 모르지만 한 번 하면 아주 힘들대요

섹스랑 비슷한가…?

그걸 할 때면 온몸에서 빛이 났는데
사람들이 신기해하고 관심을 가진 건 그 빛뿐이었죠

소녀의 가난한 부모는 그녀를 서커스단 단장에게 팔았어요
팔려가는 날 그녀는 환하게 빛나며 울었고
워낙 사악해서 약발이 늦게 받는 부모는
일주일 뒤 옥상에서 달 보고 울며 그녀를 팔아버린 걸 후회했지만

이미 늦었죠

그녀는 하루에 세 번씩 빛을 내야 했어요
빤짝이 수영복에 방울 장식을 달고 말이죠

소문은 많은 관객을 그러모았고
소녀는 스타가 되었지만
과도한 공연으로 날로 야위어갔죠

사람들은 그녀에게 꽃과 팬레터를 보내고
사람들은 그녀에게 이쁜 옷과 선물을 주었지만
그녀를 쉬게 해주진 않았죠

결국 몇 년도 못살고 소녀는 죽었어요

서커스단 단장은 그녀를 이용해 번 돈으로 주식투자를 해서 점점 더 돈을 많이 벌었다지만 지금도 벌고 있다지만…

하여간

그녀가 마지막으로 환하게 빛나던 날
도시의 범죄율은 현격히 떨어졌고, 많은 가족들이 화해하고, 술 취한 사람들은 싸우는 대신 얼싸안고 울었죠

하지만

저녁 테레비 뉴스엔 안 나왔대죠

화면畫面*

화면은 투명하다

파도치는 빛의 해변, – 허공
은 화면 같다 – 끊임없이 수다스럽게 물결은 밀려오지만
자신의 발자국을 또 다른 발자국으로 씻으며… 말을 말로
지우면서…

사람들은 모두 그 안에서 세상에다 대고 말하고 있거나
그 밖에서 그 안을 세상이라 믿으며 들여다보거나 둘 중의
하나다. 자기가 행한 죄를 자기가 단죄해도 아무렇지도 않다. 무례
하고 뻔뻔스러운 자유로움, 무슨 짓을 저질러도 용서받는 아이, 다시 가볍고 발랄하게…

그런 해탈에 가까운 사악함

불공평하다

화면과 유리된 난

하나의 자유를 주장하기 위해서 다른 자유를 포기해야 하며
은폐하고, 속이고, 변명해야 한다
한 자아는 그 자아의 표현에 대해 언제나 일치해야 하며
책임지고, 지불하고, 거래해야 한다

불공평하다

나도 투명하고 싶다. 나도 언제나 주장하고, 주장하지 않아도 주장하며, 아무 책임도 지지 않고 싶다. 나도 울지 않으면서 과거를 잊고 싶다. 영원히 현재적이고 싶다. 니체도 그러고 싶어 했다. 나도
표현함으로서 존재하고, 지켜봐짐으로서 존재
하고 싶다. 어떻게 봐도 이건…

불공평하다

…일 년에 한번 가면을 쓰고 무도회를 여는 부족이 있다
그날만은 맘에 드는 상대와 아무하고든 그 짓을 해도 된다, 단
그 짓을 하는 동안에도 가면 만은 벗으면 안 된다

가면을 쓰고 있기 때문에 서로를 모르지만
가면을 쓰고 있어도 서로가 누군지 안다

커다랗고 투명한 가면이 허공에 떠있다. 이제 우리는 서로를 캠코더로 찍어 그 화면을 보면서 사위할 수 있다. 인터넷 카메라로 서로 마주보며 그 짓을 할 수도 있다. 널 닮은 가면, 날 닮은 가면… 하지만 아무리 그래도

가면은 모든 표정보다 높은 곳에 군림한다 무표정
하게

역시 불공평하다

우리는 가면을 이길 수 없다

*테레비, 모니터, 스크린, 액정… 우리가 매일 들여다 보는 화면들…

식물일기

낯선 곳에 떨어졌어요. 불안하답니다. 이곳의 공기는 내가 살던 곳과 틀리고, 물의 맛도 다르죠. 빛의 색깔마저… 하지만 난 물을 먹어야 하고, 햇볕을 받아들여야 하기에, 하던 것들을 하죠. 결코 안심하고 있진 않아요. 가끔 바람과 비슷한, 훨씬 편안한, 어떤 게 날 스치고 가네요. 바뀌어진 이 모든 것 외에, 또 다른 하나… 어떤 호의가 느껴져요. 그건

사랑이지요. 난 이 예민한 식물을 내 방에 가져다 두기로 결심했다. 햇볕이 잘 드는 창가에 자리를 만들어주었고, 불안함을 없애주기 위해 모짜르트를 틀어주었다. 식물이 음악을 느낀다면 그건 내가 바람을 느끼는 것과 비슷하지 않을까… 나는 이 예쁜 화초가 내 방에서 꽃을 피우고 신선함을 북돋아 주기를, 아름답게 존재해 주기를 바란다.

이 모든 낯설음에 익숙해져 갔고, 오히려 활기차졌죠. 나를 바라보고 칭찬하고 돌봐주는 무언가를 느껴요. 사랑, 따뜻한 공기 같은 거죠. 내가 물과 공기와 흙 속에서 이루어 내는 것을 그는 좋아해요. 내가 살아 있는 것을 말이죠. 난 힘을 내요. 내 주위의 정지되고, 쓸쓸하던 공기가 나로 인해 활기차지는 걸 알 수 있어요. 난 그 방법을 알죠.

매일 너에게 물을 주고, 햇볕 쪽으로 너를 돌려놓아 준다. 하지만 그보다 더 많이 난 너와 대화한다. 아무 말 없는 대화… 그냥 널 바라보며 느끼는 거다. 식물은 어떻게 세상을 느낄까. 눈도, 귀도, 말할 입도 없는 네가 지금 날 마주보고 있다.

내가 느끼지 못하지만, 내가 그 안에 존재하는 세계

의 어떤 것들도 가끔 나를 지켜볼까. 나와 대화하고 싶어 할까. 너

의 파릇한 새싹이 내가 걸쳐놓은 줄을 힘들게 잡고 감아 오르는 모습에 난 아낌 없이 박수를 쳐준다. 매일 더 많은 잎사귀를 터뜨리는 네가 대견하다. 내 닫힌 방은 너로 인해 환해졌다. 바람과 햇볕들은 이제 거리끼지 않고 내 방에 놀러 왔다 간다.

결심을 했죠. 한 번 꽃을 피워볼까 하고…

계절이 와서라기보다, 때가 되어서라기보다, 더,

중요한 어떤 것,

난 꽃을 피워보기로 했죠.

그건 부끄럽고, 힘들어요. 아프기도 하죠. 아주 많이 준비하고 고생해야 해요. 때때로 나의 삶을 낭비하는 게 아닌가 싶을 정도로요.

부끄럽지만, 난 내 꽃이 훌륭하다고 생각해요.

봐주겠어요?

어느 날 아침 어떤 밝은 보랏빛 하나가 나를 불렀다. 뒤돌아보니… 천천히, 그리고 수줍지만, 자신 있게… 꽃잎 들이 벌어지고 있었다. 꽃을 잘 피우지 않는다는 이 예민한 화초가 – 마치 내게 보여주려는 듯 – 하나, 둘, 셋… 차례로 꽃망울을 터뜨린다. 네가 흘리는 투명하고 시원한 땀이 느껴진다. 햇빛이 더 밝아지고, 마치 네가 나를 위해

모짜르트를 들려주고 있는 것 같았다. 시간이
정지된 듯하던 그 아침
………

나의 쓸쓸하고, 가난했던 젊은 몇 년을 함께 해주었던 그녀의 흔적은 이제 몇 알의 까만 씨가 되었다. 서랍 속 깊숙이, 흰 봉투 속에 난 그녀를 기억해 두었다

몇 번이고 날 위해 꽃을 피워냈던 그녀는

내 곁에 살아있어 줌으로 나를 사랑했었다. 비록 그녀가
날 볼 수도, 만질 수도 없었다 해도…

난 당신을 만난 적이 없지만 우린 항상 같이 있었죠

내가 있어서 기뻤나요?

내가 피워낸 꽃들이 예뻤나요?

노스텔지어

눈을 감고 가만히 바라보면 거기
둥글게 닳은 네가 있다

돌아갈 수 있다면 그리움이 아니다. 돌아갈 수 없는 것
이 돌아갈 수 없는 곳으로 가는

먼 여행의 경유지에서

어디서나 빈 허공을 보면

둥글고 투명한 네가
있다

오랫동안… 쳐다보면
넌 점점 더 맑아진다. 네 말들이 잊혀지고, 너와의 사건들이
잊혀진다. 네 몸짓들…
네 표정, 눈, 코, 입이 지워져 간다. 넌 점점 더 투명하게

또렷해져 간다. 텅

비고, 단단하며

둥글게…

지금은 아니어도

언젠가 네가 완전히 잊혀지는 날
진정으로 널 다시 만날 그날이… 언제나

내 앞에 있다

행복에 대하여 1

씨발, 춥구나…

차갑고 하얀 겨울 햇살 속을 걸어
골목을 지나다가

비둘기 두 마리
포식하는 걸 봤다

그 왜 길거리 가판에서 파는 큼지막한
설탕 묻힌 꽈배기 두 개

어떤 꼬맹이들이 버린 건지 몰라도
한 마리가 한 개씩, 워낙
큼지막해서
서로 다 먹겠다고 다투지도 않고

콕 콕
부지런하게

내가 가까이 가도 비키지 않고

큰 트럭이 지나가도 마지못해 겨우 조금 비키고

다행히 그들의 소중한 꽈배기도 트럭 바퀴를 아슬아슬하게 비껴

다시 허겁지겁…

마침 기분 더럽던 나 심통이 나서
꽈배기 두 손에 하나씩 들고 가 버릴까 생각하다가

....

관뒀다

행복에 대하여 2

참

내 여자 친구는 어릴 적

시골에서 자라던 열 살 때

덩치 크고, 순하던 암컷 흰둥이가

봄 햇살 아래, 끙차끙차!

모르는 개랑 하는 걸 보고, 엄마 엄마!
쟤 좀 말려줘! 엄마는
들은 척, 만 척 냅두렴

너무 싫고, 엄마가 원망스러워, 긴 부작대기 들고

야 야! 떨어져! 똥 누는 자세로 앉아, 쿡 쿡!

찌르다가

순하던 흰둥이 불현듯 다가와

허벅다리 안쪽을 꽉!

물어서

아슬아슬하게 보지 아래에 흉터만 남기고

고자? 될 뻔했다나, 그러게

흰둥이 사는 데, 낙이 얼마나 있다고, 쯧쯧…

피로

자정

지하철 안에서

비슷비슷한…똑같은 역들을 계속해서 스쳐가고
나는 맘이 무척 급하지만 내가 어디
에서 탔는지, 어디까지 가는지 모르고

창 밖에 깜깜한 풍경이 끝
없이 스쳐가는 아주 빠르고, 정신없는,
권태롭고, 고요한 곳에

내가 있다

자리는 단지 채워지거나 비워지고
가끔 욕구불만인 주정뱅이가 나라의 장래와 요새 젊은것들
에 대해, 정치인들의 행태에 대해 비분강개하든 말든
변태와 아가씨가 서로 가해자다 피해자다. 이 아가씨가 생사
람 잡네… 싸우든 말든

내 귓속의 이명耳鳴은 단조롭고 단호
하다

아무것도 궁금하지 않고

내가 어디에서 왔는지
어디로 가는지 모르지만
혹은 알고 있다고 당연히 믿고 있을 뿐 스스로 물어봤을 때
아무 대답도 할 수 없지만…

모든 우연과 슬픔과 기쁨 속에서도 운행의 약속만은

정확하다

빌리 홀리데이를 듣다

불행을 만지작거리고 있는 여자를

본다. 나지막하게 노래를 불러

스스로를 쓰다듬으며… 난

핀셋으로 얇은 껍질을 벗기듯, 느린 재즈의 피아노와 예민한
목소리의 들뜸을 벗겨내고, 우드득거리는, 결린 드럼 박자들을
하나하나 솎아낸다. snare, base, tomtom, brush stick……
거기, 깨끗하고 텅 빈 나체의

허무

가 있다. 그녀의 눈이 검다

그리고

…느리고
지친 리듬의 섹스

뒤돌아보면 거기

겁 많고 금방 울 것 같은, 성질만 더러운 꼬마아이
가 있다

보지 않으면 되지만
그 짜증나는 아이가 신경 쓰여 자꾸
뒤
돌아보면

너무 패이고, 다치고, 부서져서, 적당히 눈가림으로 땜질해 놓은 것이 오히려 우습고 애처로운, 지나간
한철, '지금 도로 공사 중, 잠시만 지나가지 마세요.' 글귀가
언제나 현재형으로
이젠 너덜너덜

보지 않으면 그만이지만
너무 웃기고, 쪽 팔리고, 슬퍼서
슬며시
자꾸

돌아보면, 거기

한때는 그토록 가슴 저리게 사랑했던
이제는 그 깊이만큼 지긋지긋하고 단내나는
너, 안
돌아보면 그만이지만, 생각도 안 하고 앞으로만 걸어가면 되지만, 별거 아니야 곧 잊을 수 있겠지…

어느 열렬한 술자리의 얼룩처럼
빨아도 빨아도 지워지지 않고, 야릇한 더러움의 냄새 가시지 않은 채

뒤돌아보면

춘몽

늙은 개는 어느새 밤이 지나 햇볕이 등을 말리고 있는 걸 느낀다

따뜻하다

빼근한 뒷다리의 관절이 움직이는 것이 신기해서
다리를 들었다 놔 본다
항상 물에 젖은 것처럼 무겁던 꼬리가 움직이는 것이
문득 신기해서
꼬리를 한 번 흔들어 본다

세상이 햇볕 속에 뽀얗게 녹아드는 것 같아 눈을
감는다. 빛 무리가 흔들리며 감은 눈 가득 아른거린다

늙은 개는

철없는 강아지 같은 마음이 되어 마구 까불고, 짖고, 이리 저리, 뛰고, 뒤집어지고, 햇빛 자락을 물고 당겨 찢고 싶어져서

싶어져서… 문득

강아지 같은 마음

이 뒤돌아보니, 너무 늙은 개 한 마리가 고스란히
웅크리고 있다. 밝은 햇볕에 드러난 꼬리 뒤쪽으로 그림자처럼 어둡고 끈적하게
늙은 개 한 마리가 묻어서

아차

아직은 봄이 온 게 아니구나
늦은 겨울, 따뜻한 햇살에 속은 걸…

늙은 개는 다시 잠에 끌린다. 이따금 강아지 같은 마음이 조금씩 더 멀리
무거운 몸에서 벗어날수록, 햇살이 사정없이 따뜻해지고 바람이
까불거릴수록, 어쩔 줄 모르고 난폭하게 장난치고 싶어질수록, 봄이 올수록

어느 날

그 욕망이 널 데리고

떠나갈 봄날이라는 걸

기왕 아프려면

말야

바퀴를 굴리듯 아파보려고 해

덧난 곳 자꾸 긁어 피 내지 않고
참다 참다 엉뚱한 곳에 가서 화 내지 않고
만만하고 편한 부분만 자꾸 닳게 해서 전부 못쓰게 하지 않고

골고루 거친 땅에 닿게 하고
골고루 시린 모래를 박히게 하고

어느새 뒤돌아보면 끊어진 적 없는 바퀴자국, 길게

남긴 채

훌쩍 여기에 있도록

내가 남겼으나 나의 것이 아닌
사람들이 나라고 여기는 그 깊게 패인 바퀴 자국이

누군가에겐 길이 돼줄지도 모르니

말야

잔인한 오후
–어느 자폐아에게

가만히 지켜보면 너는 무척 나를 닮았구나

떠듬떠듬 아주 힘들게 무언가
말하려 하는 너

맑은 침 한 방울이 늘어져
방울로 고인다

오후의 햇볕이 이 하얗게 질린 창조의 순간을
비춰준다 집요하게…

난 언제까지 기다려야 하나… 뭘 기다리는지도 모른 채
너의 안절부절함 때문에 떠나지도 못하고
나의 간단한 용건일 뿐인 물약 한 수저만 멍텅구리처럼 들고 선
채

네가 하고 싶은 말을 넌 알고 있을까

입속에, 성대에, 폐에

가루처럼 가득한 침묵

까맣고 젖은 석탄…
쉽게 불붙지 않는구나

시작되지 않은 모든 것으로부터
무언가를 시작하고 싶은 너

나, 그냥 잔인하게
크게 벌린 네 입속에 물약 한 수저 털어 넣고
그래그래, 알았어, 엄마처럼, 물고기처럼 웃어주고
돌아서 버릴까?
아무 일 없었다는 듯이

넌 정말 나를 닮았다. 오후의

햇볕은 참
끈질기다

아라크네Arachne

훌쩍 몸을 던져, 걸리거나, 떨어지는 곳
몸이 부딪는 곳에 언어를 걸친다. 내

보이지 않는 집은

허공
에 있다

허공은 무한한 것이 아니라
몸을 던져서 조금씩 넓혀가는 어떤 것

존재라는 놈이 멋모르고 퍼덕거리다 내게 걸려들어 그 본래의 자유로운 거처인
허공
을 날던 날개 – 투명한 불확실성 – 를 묶이면
나는 질투와 기쁨에 떨며 그 피를 빤다

내 거미줄은 그것 자체는 죽어 있으면서도
존재를 포획하고
이어가는 것

내가 살기 위해 지어내는 경건한 기호화를
원죄라고
속임수라고 의심하지 말기를, 자책하지

말기를

옴…

입을 동그랗게 말고
다시 거미줄 뱉을 준비

시의 칼

말 이전의 것, 말이 어느 순간 드러나게 되었던 그 희미한 소실점의 끝까지

말의 가지를 타고 내려간다. 침묵이 도처에 뿌리를 내린 어둠 속에서 다시 말의 배를 타고 떠오른다. 흘러간다. 흘러간다. 검은 물에 비치는 것은 바로 말 자신, 나 자신이다

미메시스

수천 년 동안의 규칙과 집단자아, 이상적 자아, 이데아, 모범의 녹을 닦아내고, 대신 지금까지의 우주의 결과이자 앞으로의 우주의 시작인 '현재 – 나 자신'의 말을 타고 흘러간다. 나 자신의 침묵에 도달한

다! 먼저 나 자신을 구원하라. 정신없이 분열하는, 미칠 듯한 속도의 시대, 예술의 미래와 문화의 위기, 잡종 강세론의 씁쓸한 인정, 인류의 불안, 이 모든 것보다 먼저 나 자신을

구원하라. 진리에 도달하는 길이랍시고 절대로 진리에 도달하지 못하도록 얼기설기 미로처럼 꼬아놓은 저 문법적인 계단

을 무시하라. 즉각적으로

도달하라. 칼로 베듯이, 가장 오래된 그리고 가장 유효한 무기 중의 하나인

나 자신의 말로 하여금 노래하게 하라

고래의 노래

아주 큰 고래의 그림자가
대도시의 밤을 지나 아파트, 내방, 창 안을 얼핏 들여다보다가
천천히 스쳐가는 게 느껴져. 꿈속인 듯
어떤 노래를 들었거든

밤의 어떤 시간
어떤 풍경 속에서 난 세계의
모든 고래의 노래를 들을 수 있어

개개의 노래와
전체의 화음

아주 깊은 심해 같은 잠과
깜깜한 어둠 속에서의 깨어있음
의 어떤 중간 해역에서 말야
자주는 아니지만…

고래는
너무 커서 머리를, 꼬리를, 눈을, 웃음 띤 입을 모두 한꺼번

에 볼 수는 없지만서두
그냥 노래를 듣는 것이 훨씬
더 직접적으로 고래를 보고
고래와 이야기하는 거야 만지는 것보다두 더…

고래는 노래로 이야기할 수 있는 아주 멋진 놈들이야
그래서 나도 노래하는 거야… 그들과 이야기하고 싶어서

내가 부르는 노래의 팔다리는 아직 헤엄을 치기엔 불편하지
만
두고 봐
멋진 지느러미를 꿈꾸어 내고 말 테니

나두 내 노래로

이 막막한 바다 여기 저기 흩어져 있는

고래들과

너… 들과…

알

나는 지상에 살아야 하지만

하얗고 둥근, 흠 하나 없는
내 안의 우주와 세상이 모두 그 하나로

완결된

알

을 가지고 싶다. 알 속에서는 새가
물고기가 자란다. 알에서 나왔지만 알을 부정하는
새는
물고기는
알이 머무르는 지상이 아니라

하늘의 피안으로
바다의 피안으로 간다

내게 남는 건 알뿐이다. 불멸하는 알들...

나의 알이 새를 깠는지
아무것도 까지 못하고 썩었는지
아직도 깔 때를 기다리고 있는지

난 모르지만

알은 우리가 잡을 수 있는 유일한 불멸이다. 비록
불멸의 가상일 뿐이라 해도…

알을 가지려 한다

하얀 돌일지도 모르고, 썩었을지도, 깨어져 껍질만 남은 것일지도 모르지만
내겐 알이 필요하다 부끄럽게도
절실히…

알에서 나와 알을 떠나간 물고기에게
새에게
더 이상 알은 필요 없으니

젠장

예술의 불멸 따위가 무엇이란 말인가

*모든 진화의 중심엔 상상력이 있다. 처절하고 아름다운…

바다가 좋다

수많은 익명의 물들, 무덤, 내게
더 이상 가지 말라고, 저항하지 말라고 말하는 아주 커다란…

알 수 없는 두려움을 가지고, 내게 그냥 잠시 거기 있으라고, 파도의 이쪽 자락이든 하루 종일 힘들게 걸어 저쪽 자락으로 가든, 마찬가지
라고

난 증발해서 어디에나 있고
어디에나 가고, 그러나 반드시 다시 돌아온다고… 너무 많았던 말들이 엉켜, 그르릉
거리다가, 제풀에 지쳐 출렁이다가, 침전되어 가라
앉는다. 이 소란한 바다는 또 이토록

고요하다

먼 길을 왔다, 바다가 좋아서, 보지는 못했지만 왠지 그리워서, 나, 처음엔 너무 절박하고 조바심 나서 함부로
뛰기도 했다. 절벽 아래로 뛰어 내리기도 했다. 그냥 거기 있

던 바위
가 너무 많고, 야속해, 하얗게 소리 지르며, 치고 또 쳐서 부수기도 했다

사막을 지날 때면 한 걸음 걷다가, 빠져들고, 또 한 걸음 걷다가, 빠져들고, 미친 짓이라고, 이렇게 아무리 해도 바다까지 갈 수 있을 리가 없다고

그대로 흙 속에 잠들어 버릴까 봐 두렵기도 했다. 땅속의 길을 따라, 한 치 앞도 모른 채, 되돌아가는지, 맴도는지도 모른 채, 한참을, 반쯤은 졸며, 헤매이기도 했다, 살았는지
죽었는지도 모른 채

도시를 지날 때면 별 우스꽝스러운 모욕과 조롱에 더러워지기도 하고
마주치는 불량하고, 슬픈 아이들
씻어주기도 하고, 같이 더러워져 부둥킨 채 흐르기도 했다, 울기도 했다

수도관에 사로잡혀

실컷 이용당하기도 했다. 미로 같은 상수도, 비루한 하수도들… 길은 나를 위해 있는 게 아니었다

길들은 나를 속이고, 유혹하고, 자꾸 되돌아오고…

어느 날 문득 길 아닌 곳에 다다랐을 때, 나 이젠 너무 늙어버렸다고

생각했을 때

하구의 짭잘하고 비린 냄새…

정 떼느라
그동안 보듬고 왔던 모든 것 버리고

뒤도 안 돌아 보고

난 다시 아이가 됐다. 깔깔거리며 허겁지겁
달려갔다 난

바다가 좋다

용龍

용이 있었다

동쪽 장場에서는 신의 짐승태態였지만

서쪽 장場에서는 단지 포악하고 고독한 왕

하늘을 날며 불을 뿜어대고
예쁜 건 어떻게 아는지 공주만 훔쳐다가 꼭꼭 숨겨놓는 무섭고
사악한 존재, 마땅히
공주를 구해 내고, 목을 베어버려야 할…

한때 성원에 힘입어 악마의 왕으로까지 등극했다는 소문이 있더만

요즘은 만화나 동화에서나 가끔 출연 섭외가 있으며
애들도 겁내지 않는 애완용 친구가 되었다고들

한다. 피터팬처럼 네버랜드 바르도에 갇혀 성장을 봉인당한 채 어서 애들이 늙어 죽어서 돌아오기만을 기다리라고?

으르릉…

용이 있었다

한 번도 존재하지 못한 꿈

…공룡들은 어머니 지구가 자기를 버렸을 때 한없이 가벼워져 하늘로 떠나 버렸다. 자기를 버린 어머니로부터 할 수 있는 한 거리를 유지한 채, 바람과 구름의 성에 머물며, 새들은 언제 자기가 파충류였냐는 듯, 언제 자기가 그토록 무거웠던 적이 있었냐는 듯 경쾌하게

울며…

나는 용을 기억하지 못하지만

물론 인간은 공룡을 만나지 못했다. 하지만 포유류는 파충류와 비슷한 시기에 태어나 오랫동안 어둠과 땅굴 속에 숨어 겨우겨우

개체수에만 집착하며, 눈에 보이는 실적과 생존과 부에만 집

착하며

마치 어렸을 때 충분히 사랑을 받지 못한 아이처럼
의심과 질투만 키워오다가…

무심하고 잔혹해진 어머니가 결국 우리를 선택했다. 대지의 산소는 엷어졌고 기온은 미친년 널뛰듯… 그녀는 자상하고 푸근하기를 포기했으며, 대신 가혹하고 검은 젖을 먹여 우리를 키웠다. 한때 그녀의 사랑 받던 자식들은 충격을 이기지 못해 자신의 모든 것을 팔아서 겨우 엄마로부터 조금 떨어져 있을 수 있는 날개를 얻었을

뿐이다. 용이 있었다. 한 번도
존재하지 못했던 꿈, 존재할 뻔한

그곳, 우리가 무서워하고
한없이 부러워하던 그곳에…

오랜 유예와
기다림

고통의 혜택을 듬뿍 받고서야

마침내 인간이 태어났다. 한없이 순진한 웃음을 지으며, 한
없이 형제들을 학살
하며, 죽이면 죽일수록, 착취하면 착취할수록, 인간은 부자
가 되고
부자는 인간적이 되어갔다. 여유롭고, 천진하며, 우아하게…

당연히 침묵으로 죽음을 맞는 모든 가축과 동물들의 꿈속에

용이 있었다. 한 번도 태어나지 못했으며

낙태당한 우리의 형제

나는 여전히 두려움과 질투에 가득 찬 채 동굴 속에 숨어서

달빛 아래 날고 있는 너를 본다. 당당한 무관심과 고독의 경이로 인해 네 그림자는 높고 검다. 네가 울 때 입에서 불이 쏟아지고, 한 번도 너에게서 관심과 우정을 받을 수 없었던 우리는

갑옷과 백마로 너희에게 복수했다. 너흰 꿈속에서마저 점점 멸종되어 갔다. 기사들은 인정을 받기 위해, 사랑을 받기 위해 필사적으로

널 죽였다. 갑옷은 점점 빛나고 단단해져 갔으며 칼에는 마법이 깃들었다. 무기와 도구를 천박하게 여기던 너는

어떤 사막의 동굴에 숨어도 결국 발견되어졌으며
어떤 바다 속에 자신의 왕국을 세워도 결국 침략당했다

용이 있었다

그들은 한 번도 존재하지 못한 자기 자신의 꿈을 꾸고

우린 만나지 못한 그들을

…꿈꾼다

흔히 공룡시대 말기에 원시 포유류가 나타났다고들 알고 있었지만, 최근의 연구로는 공룡과 포유류는 거의 비슷한 시기에 출현했다고 한다. 공룡은 포유류보다 훨씬 더 번성했으며 공룡시대 말기쯤에는 상당한 지능과 사회성을 가진 공룡들도 출현했다고 한다. 지구환경의 변화에 따른 공룡의 대멸종 전후에 포유류는 비로소 전성기를 맞게 된다. 그리고 거의 멸종한 공룡은 조류로 진화했다. 조류는 관점에 따라서는 공룡이 멸종하지 않았다고 볼 수 있을 만큼 공룡과 유전적으로 유사하다고 한다. 공룡은 파충류보다는 조류에 더 가까웠던 것이다. 만약 지구환경의 급격한 변화에 따른 대멸종이 없었다면 포유류는 공룡시대처럼 명맥만 유지하고 있고 공룡으로부터 인간과 유사한 지적, 사회적, 종교적 존재가 출현하지 않았을까 하는 상상을 가끔 해본다. 나는 개인적으로 생명의 진화의 원동력은 꿈꾸는 힘과 밀접한 관계가 있다는 생각을 한다. 인간은 명멸을 거듭하는 수많은 생명들과 어떤 꿈을 공유하고 있을까? 거의 모든 인간문명에서 나타나는 용의 신화는 어떤 원형을 가지고 있는 것일까?

허공 전문가

난…

허공을 만지기 위해 노력했더니 어느덧
허공을 만질 수 있게 되었답니다

색칠을 할 수도 있고
모양을 그릴 수도 있고
그 길을 따라 걸어갈 수도 있지요 그
자취를 따라
춤
을
출 수도 있어요

내가 이상하다구요?

당신이
막막한 허공에서 허우적대고 있을 때

난 그 속을 걸어 당신에게 갈 수 있어요. 당신이
만들어낸 허공이 맘대로 소용돌이치고 휘몰아쳐 갈 때

문을 열어 당신을 안전한 집안으로 끌어들일 수도 있죠. 당신이 나의
허공으로 온다면 난 당신에게 많은 걸
보여줄 수 있을 텐데, 내가 만든 색종이 세상들… 알록달록한

혹은 그냥

당신의 허공으로 날 초대하기만 해도 내
허공은 당신의 허공에 스며들어요. 허공은 원래 시작도 끝도 없고 경계도 없으니까
요. 낯선 괴물들과 성들에 당황할 필요 없어요

난 열심히 허공을
만지기 위해 노력했더니
어느덧
허공을 만지고, 만들 수 있게 되었어요. 허공은 아무것도 없는 거라고 말하고 싶다면

…….

당신의 허공을 없애보세요

연옥의 문門

그가 생각에 잠겨 걷다가 어느덧 큰문에 다다랐을 때 어디선가 노래 소리가 들려왔다. 파수를 서는 아름다운 천사가 노래를 부르고 있었다. '똑같은

곳으로 가렴. 아이야, 가서 마음껏
지쳐서 돌아오렴. 지겨움이 너를
구원해 줄 테니…'

똑같은 도시, 똑같은 아파트들, 똑같은 아파트의 칸들…
그 안에
똑같은 생활들… 어디나 TV가 켜져 있고, 어디나 잠을 자고, 꿈을
꾸고 밤에
경험한 것들을 낮에 잊고, 낮에
경험한 것들을 밤에 잊는다. 똑같은

학교, 똑같은 교실들, 애들은 칠판에
보이는 풍경을 맘속에 똑같이 그리려고들
하고 있다. 과학적 기호들이 아이들의 머릿속에
똑같이 떠오른다. 더 똑같을수록, 그 아인

머리가 좋은 아이다. 우등생이다. 이름이

없던 슬픔과 기쁨, 그리움들이 어설프게 바깥의 형상들을 흉내 내어서
풍경을 갖는다. 이름을 갖는다. 그렇게 똑같은 곳으로 떠난
아이는 저주에 익숙해진다. 누가 자기 이름을 불러주지 않으면 스스로를

알아보지도 못한다. 그래서

꿈은 민망하다. 깨고 나면 서둘러 잊는다. 어설픈 얼굴은 점점 더 정교해진다. 그는 이제 마르크스주의로 말세와 윤회까지 설명할 수 있으며
사주팔자로 정치를 해설하고, 만병
통치약으로 모든 암을 고치며, 축구로
경제난을 해결한다. 교수 명함 같은 거라도 하나 달면 그야말로
장땡이다. 똑같은

곳으로 가렴, 아이야, 똑같은

방들을 지나며, 얼굴에 같은 얼굴을 덧그리고, 덧
그릴수록, 그는 늙어간다. 선명하게
늙어간다. 지겨워진다. 지겨워

돼지겠다

이젠 모든 걸 잊고

다시 태어날 준비가 됐니? 천사가
노래한다. 문을 지나면…

완벽한 진실은 꿈이다

하나의 진실

이 너무
진실이 되어버리면, 모두가
그 진실에 동의하게 되면, 그
진실은 오만해지고, 점점 더
대담해져서 전에는 감히 주장하지 못하던
것들을 뻔뻔스럽게 주장하기 시작한다

아무도 이의를 제기하지 않으며, 오히려 열광적으로
다투어 동참하고

마침내
그 진실과 정 반대의 것마저 그 진실의 이름으로 주장되게
될 때

쩡! 모든 것을 비추어 보이던 진실의 표면에 금이 가고

꿈은

갑작스럽게 깬다

사람들은 간밤의 부끄러운 꿈을 애써
잊으려 한다. 꿈은 꿈일 뿐이다. 하지만 우린 언제나

꿈 꿀 때는 그것을 꿈이라고 생각지 않고, 진실처럼 느끼는
버릇
이 있다. 그러므로 진실
을 지나치게 진실이게 하지 말자. 어떤

꿈도 우리를 구원하지 못한다

불길한 그

그가 돌아왔다

모두들 겁에 질려 얼굴에 웃음꽃이 피었다. 세상은 외면하려고 점점 더 시끄럽고 번잡해진다. 소문은 꿈속에서 꿈속으로만 이어진다. 이번엔 뭘까? 전쟁, 천재지변, 대형사고, 불합격…

풍문에 떠도는 그의 얼굴은

화장품에 들어 있는 이름 없는 낙태아, 여고 앞의 귀여운 바바리 변태다. 거리에서 아무데나 쓰러져 자던 노숙자다. 위험하지 않던 것들이 위험해졌다. 아이들이 밤 골목에서 길고양이에게 물렸다. 홍콩 할머니 여우 귀신이 초등학교 앞을 배회한댄다. 예수천당 불신지옥, 앞뒤로 피켓을 맨 사도가 니들 이제 큰일났다, 고래고래 소리 지르며 주택가까지 잠입한다. 천원만 줘. 거지가 바짓가랑이를 잡고 째려보며 안 놓아준다, 씨발 천 원만 달라니까…

모두들 겁에 질려 테레비 토크쇼만 본다. 남 몰래

의사를 찾아가 혹시 암 아닐까요? 에이즈는요? 병원들은 패

키지 건강 검진 상품을 팔아, 일단은 병이 없는 것 같기도 하군요… 떼돈을 번다

사소하고
유치하고
좀 불쾌할 뿐이었던 것들이
세계를 위협한
다. 문제는 너무 늙어서 저항하지 못한다는 거다. 우리가 낳고, 만들어 낸 것들은 우리에게 관심이 없다. 사실 누구나

일생에 한 번은
드물게는 여러 번

그를 만나곤 한다. 아주 개인적으로 은밀하게… 절대로 발설하지 않는다. 말
하지 않은 채 서로를 본다. 너도? 불길한

그가 우리들 사이를 배회한다. 참

조용하게 난리다

잠수

기억과 의식은 한 없이 가벼워
물에 비쳐 어른거린다

물에 빠질 때 그것들은 수면에 남는다

나는 기억과 의식을 버린 채 가라 앉아
아무런 말도, 인사도 남기지 못한 채 어른거리다가

물 밖에선 보이지 않는 곳으로…

의지라는 무거운 돌을 매달고
가라앉아 가는 자는
그 돌이 아무리 힘들게 빚은 것이라도
돌아올 땐 미련 없이 버려야 하는 것임을

…명심

물고기들과 어울려 깊은 곳으로 가라앉다. 빨갛게, 파랗게, 화냈다가, 슬퍼했다가… 물고기들이 다채롭다. 이제 숨을 쉬지 않는 나는, 태엽이 멈춘 나는, 나를 둘러싼 물이 뜨겁든, 차갑든, 울적하든, 용기백배하든 상관없다. 숨 쉬지 않는 내게서도 거품은 나온다. 나의 것이 아닌 것들이 나의 것이 아닌 곳으로 돌아간다. 물고기들은 거품에서 태어나거나, 거품이 된다. 거추장스러운 나의 살들을 남김없이, 성실하게, 쪼잔하게 모두 먹어 치워준다. 다채롭던 나의 풍경은 점점 단단하고 건조해진다. 나는 응시한다. 어디를 보고 있는 건지 나 자신도 모른다. 이러다 보면 내 안의 어떤 뼈가 밝고 명민하게 깨어나게 되려나? 새하얗게

…나는 되어가는 것이었는지

되어감을 끝내 가는 것이었는지…

주목받지 못하는 자의 슬픔

개가 컹컹 짖는다. 허무하다고, 너무들 한다고, 새가 한도 없이 난다. 허무하다고, 가야 한다고, 꽃은 피는 듯 진다. 꽃이 진 자리마다 얼룩이 더럽다. 허무하다고, 허무하다고…

개가 컹컹 짖는다. 외롭다고, 이게 뭐냐고, 새가 바다를 건넌다. 무모하게, 무모하게… 꽃은 혼자 피어난다. 아무도 보지 않은 꽃은 모든 눈에 띈 꽃들을 부러워한다

개가 컹컹 짖는다. 이제 그만 하라고, 지겹지도 않냐고, 새가 날고 또 날아 다른 곳에 가서, 다른 곳이 아님을 깨닫는다. 꽃은 이쁘려고 별 짓을 다한다, 무심한 듯 발버둥을 친다. 네가 아니라 나다. 아니 내가 아니라 너다

개가 컹컹 짖는다. 원망스럽게, 어제도 오늘도 짖어왔고 내일도 짖을 거다. 새가 날갯짓을 멈추고 떨어진다. 바다에는 물결조차 일지 않는다. 다른 새들은 나는 것을 멈추지 않는다. 꽃이 활짝 핀 순간은 꽃이 진 뒤보다 더 슬프다

나는 관계들을 키운다

굶주린 작은 짐승이 낑낑

울며

내 뱃속으로 파고들고 있다. 배고프니?
좀 기다리면 내가 죽을 테니 그땐 날 먹으렴, 지금은 내가 내 고기로부터 자유롭지
못한 관계로 네가 물면 아프단다. 너도 어딘가가 아파서
배고파하는 거 아니니? 배고픈 것도 아픔이지? 귀여운

작은 짐승아

....

내가 그토록 징그러워하고 혐오하던 내 살들을
넌 맛있게도
먹는구나. 네게는 한 점 한 점 남기고 싶지 않은 살코기
구나. 무겁고 무너지고 한없이 둔하던 내 일상을 넌 게걸스럽게, 감사하게
먹어치워 주는구나. 하얀 뼈까지 알뜰하게

핥으며

널 키우기를 잘했다

나와는 다른 욕심이 내 곁에 있는 건
위로가 된다. 난 널 버릴 수도, 가질 수도 있었지만
…네 배고픔은 내가 오랫동안 잊고 있었던 욕망을 기억하게 해준다. 새삼
눈물 흐르게 한다. 내 외로움을 파먹으며
끵끵거리며… 넌

내가 두고 가고 싶지만, 두고 가지 못했던 모든 것들을 가차 없이
탐낸다. 오체투지, 절하며 받아들인다 송구스럽게도

내 모든 권태, 무겁고 단단한 것들을

달고 빛나는 살코기로

귀여운 짐승아…

그래 날 먹으렴, 먹으렴

마리아, 사나운 연인

바보야, 병신
나쁜 년아…

그런 게 들어 있어서
그렇게 힘들었니?
그렇게 아름답고 끔찍한 걸 뱃속에 키우고 있었으니… 네게서

태어난 것들이 하늘로 가는 걸
아쉬워하지도 않는구나. 반쯤 텅 빈 넌
오만한 여자의 얼굴로…

언제나

네 안에 자라는 것들을 위해
은빛 이빨을 드러내고
처연히

울고 있었다. 넌
아프고, 기뻐서, 맨날

그랬다. 말할 수 있는 비밀은 비밀이 아니었고, 짐승처럼
어두운 털로 모든 표정을 가린 채

힘들었다. 울기만 했다. 건드리지 말라고
으르렁거리곤 했다. 우린 막대기로 쿡쿡 찔러보기도 하고,
재 좀 보래요! 놀려보기도

하고, 우리 랑 놀아주지 않는 네가 미웠다. 마리아

텅 빈 엄마

고통의 침실을 나와서
가버려. 증발해버리렴. 체셔 주의 고양이처럼 미소만 남은
넌

이젠 안을 수도 없구나

죽은 친구를 꿈에 보다

바다가 그립니? 조심스럽게

내가 네게 물었을 때, 아니 다시는 그 무거운
청록색 속으로 돌아가지 않을 거야. 그때 넌 그렇게 말했었다

하지만 오랜만에 본 너는
듀공*처럼 귀여워졌구나. 날카롭던 이빨은
납작해졌고, 얼굴과 몸은 둥글기 만
하다. 큰 덩지에 졸린 듯이, 우스운 듯이 눈을 껌벅이며

생각해 보니 이렇게 대책 없이 크고, 둥글어져도
되는 곳은 바다밖에 없잖아

견딜 만하긴 하지만, 그래도 너무 무거운
청록색 공간은 싫어. 네가 짧은 앞발로 툭툭
물장구를 치며

말했다. 아니 말하고 있다고 내가 생각했다

바다에는 말이 없으니까, 기억도…

네 안부를 알게 되어 기뻤다

*멸종 위기의 '바다소목'의 유일한 동물, 큰 덩치에 둥글둥글한 머리와 몸집을 가지고 있다. 물풀 등을 뜯어 먹으며 수면에 떠서 느리게 유영하곤 한다. 둔중하고 게을러 보이지만 귀여운 외모를 하고 있으며, 물에 떠 있는 모습이 사람과 비슷해서 옛 뱃사람들이 인어로 혼동하곤 했다고 한다.

큰 나무가 있는…

그 공원엔

살아있는 아픔들이
살아있지 않은 아픔들이

답답하고 번잡한 한낮을 지나

수많은 목소리들이 뒤섞인 바람을
사람과 나무가 함께 쐬면서
자기의 슬픔이 더 이상 자기의 것이 아니게 될 때까지…

시간은 길지도
짧지도 않았다

나무는

말을 할 수 없기 때문에 많은 것을 듣고 대신 잊어주었다. 슬프고, 고단한 이야기들도 단단하고 무감한 뿌리의 힘과 껍질의 투박한 이해심에 힘입어 모두 들어주곤 했다. 밤새 비바람 불고, 눈발 서성이며… 할 말 다 털어놓은 아픔들은 아침이면 감

쪽같이 햇볕 속으로 떠나곤 했다. 흔적으로

　칠칠맞게 푸르름 묻힌 채

그리운 그날 밤

내 영혼 속에 작은 아이가 있다
하는 짓마다 미운 짓만 하고, 민망한 짓만 해서
툭하면 쥐어박고, 방에 가두고, 울어도 못들은 척했더니
성질만 더 더러워지고, 자기중심적이고, 삐쩍 말라 매력이라곤 쥐뿔도 없는

그 아이

너와 빨가벗고 섹스를 하던 그날 밤
내가 네 안의 미운 아이를 불러내어 같이 놀아주었더니
새까맣게 땟국 먹은 얼굴, 침 발라 닦아주고 머리 빗기고 예쁜 옷 입혀 주었더니
네가 안 예쁘다던 그 아이
꽃처럼 환하게 피어나고

너도 내 잠긴 골방 안의 그 아이를 불러내어
안아주고, 뽀뽀해 주고, 이뻐해 주었더니
아이는 늠름한 용으로 변신하여
밤새 불쏘를 하며
이 세상 모든 싸가지 없는 공주와 기사들을 혼내 주었다나

너와 내가 서로의 미운 아이들을 이뻐해 주고 안아주었던

그리운
그날 밤, 그 모텔, 그 섹스…

애가哀歌

나는 고대의 시인들이 멸종하지 않은 것을 보았네. 뒷골목에
서
그들은 늙은 채로, 여전히 어린 채로 있었네

음유시인들은 시를 읊고 노래하였으며, 신을 매개하던 명상
가들
이었네. 그들은 신과 인간의 이야기를 연극하였네. 그들의
몸이 상징이 되곤
하였네. 불길한 소문과 음악소리를 따라 밤을 떠돌면 나는
그들을 만날
수 있네. 그들의 눈은 도시의 구석에 뚫린 구멍, 검은
그 속을 들여다보는 이가 없네. 웅얼

거리는 언어는 알아들을 수 없네. 종이 위에서도, 광인의 하
얀 진단서 위
에서도 그 말들은 정리되지 않고 꾸물거리네. 노래와 피리소
리
는 거침없이 어디론가 흘러가고
있을 뿐, 사랑을 노래하더라도 거기에 사랑은 없네. 그들이
희망을 노래하더라도 거기에

희망은 없듯이, 노래할 수 없는 것을
노래하는 이들을 나는
보았네. 클럽에서, 이동식 앰프에서

웅얼거리는 이들은 명상에 젖어, 아무 데서나
잠을 자며, 오공 뽄드와 소주는 피안으로 이르는 값싼
재물, 위험한 재물은 경찰도 잡신들도 손대려 하지 않
네. 위험한 언어는 슬프고 높은 신에게 바쳐져
조서에도 남아있지 않
네. 그들의 사망 신고서는 해부용의 메스로도 가를 수 없는
깊고 하얀 심연에 있네. 겁먹은 의대생들은 하얀 시트 위에서
칼을 들고
우네. 그들이 알 수 없는 막연한 죽음이 뻔뻔스럽고 서글프
게
벌거벗은 채

....

은밀한 화장터에서조차 그들은 연기를 남기네. 노래는 검게
검게 하늘로 올라

가고, 집 나간 아이들은 무엇에 홀렸던 듯 그리워하며 집으로

돌아오네. 돌아올 집이 없어도 끝없이 돌아오려
하네. 돌아갈 곳이 없어도 나는

고대의 시인들이 여전히 날 기다리고 있음을

아네. 우린 어느 뒷골목에서 코피 흘리며, 소주 마시며 다시

만날 거라네 살아있는 한, 노래하고, 웅얼거리며, 검은 구멍을 들여다보는 이

없어도, 명상하고, 연극하며, 살아 있지 않아도

이 도시는 여전히 폐허로서 아름다울 것이네

춤추는 짜라투스트라

불멸의 댄서*, 다시 춤추어라

한때 어린 몸을 달구었던 모든 정열들, 욕망들이
축제의 날을 맞아 풀려났으니

다윗을 잡으러 가던 것도 잊고, 사울 왕은 모래 언덕에서 예언자들과 춤을 춘다. 여인들이 웃으며 가로되, 사울이 춤을 추는구나, 질투도 왕위도 잊고… 랄랄라, 수금에 맞추어 백발이 성성한 어린아이가 발가벗고 춤을 춘다. 나는 열광하였으므로 부끄러웠고, 부끄러웠으므로 열광하였었네… 사랑을 노래하였고, 혁명을 꿈꾸었으며, 구원을 갈구하였었네, 내일이면 말세가 온다고 소리 높여 외치기도 했었네, 뻔뻔스럽고, 감격에 차 구애했었네, 불이 모든 걸 태우고, 춤이 모든 걸 먹어치울 때까지… 더 이상 먹어 치울 것이 없어 혼자가 될 때까지, 혼자가 되어 비로소 수치스러움을 깨달아 내 거시기를 나뭇잎으로 가릴 때까지, 랄랄라, 나는 춤을 추었었다네, 늙은 왕처럼, 어린 여종처럼…

아무도 지난밤의 열정을 기억하지 못한다. 꿈은 빨리 잊히고 불은 자기 자신을 지운다. 우린 쑥스러워하고, 침묵하며, 이내 다른 도시로 여행을 떠난다. 내가 머물렀던 곳은 언제나 여관이었다. 나의 흔적은 이내 치워지고 다른 세대가 그 방을 더럽힌다. 아이들은 자라고, 어른들은 침묵한다. 난 언덕 위에서 울지 않았고, 난 광장에서 춤추지 않았다. 내가 사랑한 넌 이렇게 늙고 추하지 않았었다…

그러나, 축제는 돌아오고

모르는 척…

우린 살아있으며

모든 것을 안다는 듯

부질없이 자유로우니…

다시 춤추어라 불멸의 댄서, 다윗을 잡으러 가는 중이었든, 결혼식에 가는 중이었든, 학교도 땡땡이 치고, 교회 종이 울렸다. 나는 살아있으니, 가득 쌓인 쓰레기들을 핥으며, 활활 타올라라. 불은 재가 아니고, 불은 기름이 아니고, 나는 끊임없이 살아 돌아오고 있으니, 사라진 그곳에서, 다시 돌아올 것이니 말이다! 말이다!

* '불멸의 댄서', 친구인 약사 박종대 군이 술 먹고 디오니소스적 흥취에 잠기면 잘 쓰는 말이다. 웃기면서 낭만적인 그 어감이 좋아서 한 번 써봤다.

내게 있어 예술이란 마치 물을 따라 걸어 내려가는 긴 여행과 같았다

물을 떠나지만 않는다면
어느 물에서나 물고기는 잡혔다

그곳이 발목 간지럽히는 계곡이었든
넘어지고 구르는 급류였던 간에

난 물고기를 시에 담거나
반짝이는 그림 속에 그려 넣거나…

잡은 물고기는 영원하지는 않았다. 그래도

조바심치지 않았다. 흐르다가 고이고, 돌아가고, 스며들지언정
물은 언제나 내 곁에 있었으므로
배고파하는 영혼의 리듬에 따라
물고기는 잡혔다. 쉽게는 아니어도, 크든 작든

난 노래하며 그걸 잡고
덧없이 춤추며 그걸
잡았다. 그렇게 어떤 그물로든, 낚싯바늘로든, 맨손으로든

....

흐름은 점점 더 느려져 갔지만

나 불안하고 막막했지만

어느새

물은 더 넓고 깊어져 있었고

때때로 내가 잡은 물고기로 한 가족이 배부른 밤도 있었으니

물이 있으면 물고기는 있었다

기쁘게 고백하건데…

선명한 은색 비늘, 깃발처럼 펄럭이는 몸짓, 그
하나하나의 물고기가 모두 감격이었음을 살아
있었음을…

비록 그것을 담은 그릇이 진흙으로 빚은 것이었든
왕의 술잔이었든 간에 말이다

물을 떠나지만 않는다면…
배고픔을 소중히 하는 한

저 빛나는 물속 어딘가 언제나 물고기가 있다

*우리가 예술이라 불리는 것을 행하거나 접할 때 그것이 미숙하고 유치하던, 난해하고 어려운 것이든 간에 때때로 우린 벅찬 감동을 느낄 때가 있다. 순수하고 살아있는 감동! 어떤 깨달음… 난 그것이 마치 먹기 위해 물에서 낚아올린 싱싱한 물고기처럼 느껴진다.

시간의 벌레

무한하게 하얀 천 위에 한 줄로 파먹어가
며 느리게 가위질하던 작은 벌레가

어느덧 큰 원을 그려 자신이 파먹은 선의 시작에 다다랐을
때

몸에서 실을 게워내어

천천히 다시

자신이 파먹은 그 원의 선을 꿰매어 간다

無가 無를 완성하는 건 커다란 감동

대개의 삶은 그 중간 어디쯤에서 시작되어 그 중간 어디쯤에
서 끝난다

해설

'화면' 의 세계에서 탈주하기

이성혁(문학평론가)

1

잘 알려져 있듯이, 시인은 현대 세계와 불화한다. 현대 세계를 움직이는 결정적인 원리가 된 자본의 도구적 합리성과 '실용주의' 는 삶을 동질화시키고 그래서 시를 압살하기 때문이다. 자본은 사람들이 이윤추구에 삶의 가치를 두도록 강제한다. 시를 쓰고 그림을 그리고자 하는 것과 같은, 삶의 다양한 욕망은 억압되고 제거된다. 욕망의 개화를 억압하기 위해 이 사회는 한편으로 국가 이데올로기와 도덕을 전파한다. 그리하여 극도의 이기적인 이윤 추구가 이웃에 대한 사랑이라는 종교적 도덕과 위선적으로 공존한다. 시는 이러한 사회에서 이중으로 배제된다. 한편으로는 사회에서 실질적으로 쓸모없는 것으로 취급당하고, 또 한편으로는 도덕이나 이념을 어지럽히는 불온한 것으로 취급당한다.

시인의 삶은 이 세계에서 내팽겨지고 모욕당한다. 그는 고독하다. 그의 작업은 세상으로부터 무익한 것으로 낙인찍힐 것이다. 돈 버는 데에만 정신을 쏟아야 되는 이 세계에서 삶의 아름다움을 추구하는 것은 어리석은 일이다. 현대 사회는 시인에게 너도 나와 같이 똑같이 욕망하고 똑같은 삶을 살라고 강요한다. 이러한 세계에서, 몽상하며 살아가는 시인이 편안함을 느낄 수 없다. 아니 불편함을 넘어, 시인은 이 세계를 증오하기까지 한다. 보들레르가 현대시의 시조라고 지칭될 수 있었던 것은, 그가 바로 증오를 품고 현대 사회에 격렬하게 대응한 시인이었기 때문이다. 현대세계와 불화할 수밖에 없는 시인의 운명을 그는 선명하게 보여주었던 것이다.

특히 요 몇 년 간 신자유주의화 된 한국 사회에서는 삶의 동질화를 강요하는 현상들이 극에 달한 느낌을 준다. 인문학이나 예술은 그야말로 엘리트들의 '사치'로 취급된다. 삶의 의미를 묻는다는 일은 세상 물정 모르는 철부지들이나 하는 일로 생각된다. 이러한 사회에서 시가 서 있을 자리는 거의 없다. 그래서 시를 읽는 사람들은 점점 줄어들고 있고, 시가 사회에 미칠 수 있는 영향력은 예전에 비해 현저하게 약화되고 있다. 하지만 한편으로는 시인들은 더욱 많아졌다. 삶을 교환가치화시키는 자본의 인력에 맞서 자신의 삶을 자기 스스로 가치화시키고자 하는 이들이 늘어나고 있기 때문이다. 자본이 삶을 점령하면 할수록 그에 반항하고 탈주하려는 사람들이 증가하기 마련이다. 그러한 탈주의 한 방식으로 시 쓰기를 선택하는 사람들이 있는 것이다.

특히 젊은 시인들은 그 탈주를 더욱 격렬하게 행하려고 한다. 현 시단에 새롭게 등장한 젊은 시인들의 '낯선 시'들은, 심화되는 삶에 대한 자본의 점령에 반항하고자 하는 격한 몸부림의 결과라고 볼 수 있다. 자본의 그물망이 미세하고 정교하게 삶을 옥죄는 현 상황에서, 그 그물을 찢기 위해서는 몸을 이리저리 흔들어야 하기 때문이다. 이 시집의 저자인 황강록 역시 젊은 시인으로서 현대세계와 불화한다. 그는 이 세계를 지옥으로 경험한다. 이 시집은, 이 지옥 속에서 시인이 어떻게든 시를 쓰면서 삶을 구성해나가고자 노력하고 방황해가는 궤적을 보여준다.

황강록 시인은 현대 세계가 시인에게 가장 큰 적이라 할 권태에 의해 점령당해 있다고 진단한다. "똑같은 도시, 똑같은 아파트들, 똑같은 아파트의 칸들…/그 안에/똑같은 생활들… 어디나 TV가 켜져 있고, 어디나 잠을 자고, 꿈을/꾸고 밤에/경험한 것들을 낮에 잊고, 낮에/경험한 것들을 밤에 잊는"(「연옥의 문門」) 생활이 현대인의 삶이다. 똑같은 공간에서 똑같은 시간을 보내고 똑같은 프로그램을 보고 똑같은 꿈을 꾸는, 그리고 경험한 것들을 똑같이 망각하는 똑같은 삶. 이 삶에 대해 시인은 화면에 점령당한 삶이라고 날카롭게 지적한다. 현대인은 화면 앞에서 삶의 시간을 허비하며 더 나아가 화면 속에서 삶을 찾는다.

화면은 투명하다

파도치는 빛의 해변, – 허공
은 화면 같다 – 끊임없이 수다스럽게 물결은 밀려오지만
자신의 발자국을 또 다른 발자국으로 씻으며… 말을 말로
지우면서…

사람들은 모두 그 안에서 세상에다 대고 말하고 있거나
그 밖에서 그 안을 세상이라 믿으며 들여다보거나 둘 중의
하나다. 자기가 행한 죄를 자기가 단죄해도 아무렇지도 않
다. 무례
하고 뻔뻔스러운 자유로움, 무슨 짓을 저질러도 용서받는 아
이, 다시 가볍고 발랄하게…

그런 해탈에 가까운 사악함

「화면畵面」에서

현재 우리는 텔레비전의 모니터나 컴퓨터 모니터와 같은 어떤 화면을 들여다보며 삶의 많은 시간을 보내고 있다. 드라마를 보거나 인터넷 뉴스를 검색하거나 전자 메일을 쓰기 위해 화면을 마주 대하고 있다. 화면에 이렇듯 사로잡힌 삶에 대해 시인은 "해탈에 가까운 사악함"이라고 표현한다. 더 단호하게 말하면 사악한 해탈이라고 말할 수 있다. 왜인가? 화면과 마주하는 삶이란 "자기가 행한 죄를 자기가 단죄해도 아무렇지도 않"는 삶이기에 그렇다. 화면은 '빛의 해변'인 '허공'과 같기 때문에 말을 말로 지울 수 있는 공간이다. 어떠한 책임도 질 필

요 없는 가상공간이기에 "가볍고 발랄"한 공간이라고도 할 수 있겠다. 하지만 "뻔뻔스러운 자유로움"의 공간이라고도 할 수 있다.

경쟁이 강요되는 세상에서 사람과의 소통이 가로막힌 사람들은 고독하게 골방에서 이 화면에 대고 무슨 말을 하거나 또는 "그 안을 세상이라 믿으며 들여다보"면서 살고 있다. 실제 삶은 없어지고, 그리하여 책임에서 벗어나 해탈을 얻은 공간에서 사람들은 허공에서의 삶을 살아가고 있다. 기 드보르는 삶의 모든 것을 표상에 양도해버리는 현대 세계에 대해 스펙터클의 사회라는 명칭을 부여했다. 그가 그 개념을 사용한 것은 20세기 중반이다. 황강록 시인은 21세기 초의 스펙터클은 골방에서 이루어지고 있다는 진단을, 드보르의 논의에 덧붙인다. 특히 컴퓨터만 있으면 영화나 게임을 자신만의 공간에서 즐길 수 있기 때문에 삶의 표상에의 양도는 더욱 쉽게, 개인적으로, 비밀리에 이루어질 수 있다.

화면을 들여다보는 일은, 시인에 따르면 지하철 안에서 풍경을 바라보는 일, 즉 "비슷비슷한…똑같은 역들을 계속해서 스쳐가고" "깜깜한 풍경이 끝/없이 스쳐가는 아주 빠르고, 정신없는,/권태롭고, 고요한 곳"(「피로」)을 바라보는 일과 같다. 그곳에서 시인은 "어디에서 왔는지/어디로 가는지 모르"는 채 있다. 지하철은 신자유주의 시대의 삶을 상징적으로 보여준다. 근대 초기에는 기차가 진보라는 미래를 향한 역사의 상징이었다면, 깜깜한 풍경만을 빠르게 지나가는 지하철은 속도는 빠르지만 지향점을 상실하고 반복해서 주위만 맴도는 삶을 상징한다. 어떤 지향 없이 하릴없이 화면의 흐름만 바라보는 권태로운 삶과 지하철에 몸을 싣고 깜깜한 풍경을 멍하니 바라보고 있는 삶은 현대인의 삶의 본질을 잘 보여준다.

이 지옥과 같은 현대라는 삶의 조건 아래에서, 시인이 시를 쓰고자 한다면 이 상황으로부터 어떻게든 탈주하면서 언어를 구축해나가야 할 것이다. 황강록 시인은 이 벽에 둘러싸인 상황 속에서 어떠한 방향으로 구멍을 뚫어 시의 길을 열고 있는가? 그런데 탈주란 회피는 아닐 것이다. 즉 현대적 상황으로부터 탈주란 삶의 현대적 조건을 외면하고 다른 상상적 유토피아로 안주하는 것을 뜻하지 않을 것이다. 현대가 그려내는 지옥의 선 위를 따라가면서도 다른 선으로 나아가면서 삶을 구성해나가는 것이 탈주일 것이다. 현대인의 삶이 허공과 같은 화면, 허공과 같은 깜깜한 풍경을 마주하는 삶이라면, 탈주하는 시인은 이 허공을 외면하는 것이 아니라 그것과 대면하면서 그것을 다른 무엇으로 만들어간다.

황강록 시인도 그러한 탈주선을 그린다. 시인이 「허공 전문가」에서 "당신이/딱딱한 허공에서 허우적대고 있을 때" 허공전문가인 시적 화자는 "허공을 만지기 위해 노력했더니 어느덧/허공을 만질 수 있게 되었"고, 그리하여 허공에 "색칠을 할 수도 있고/모양을 그릴 수도 있고/그 길을 따라 걸어갈 수도 있지요"라고 말하는 것을 보면 그렇다. 이 말은, 허공이 현대적 생활의 공간이라고 한다면 시인은 이 공간을 실체 있는 무엇으로, 즉 만질 수 있는 무엇으로 변형시킴으로써 삶 자체를 특정한 질을 갖춘 것으로 변형시킬 수 있다는 의미를 갖고 있다. 현대인의 삶의 조건인 허공을 새로운 삶을 구성하는 재료로 사용하는 것이다. 하지만 과연 무엇으로 허공을 질적 공간으로 만들어낼 수 있는지 질문을 던질 수 있을 터인데, 이에 대한 답으로 시인은 다음과 같은 시를 보여주고 있다.

훌쩍 몸을 던져, 걸리거나, 떨어지는 곳
몸이 부딪는 곳에 언어를 걸친다. 내

보이지 않는 집은

허공
에 있다

허공은 무한한 것이 아니라
몸을 던져서 조금씩 넓혀가는 어떤 것

존재라는 놈이 멋모르고 퍼덕거리다 내게 걸려들어 그 본래의 자유로운 거처인
허공
을 날던 날개 – 투명한 불확실성 – 를 묶이면
나는 질투와 기쁨에 떨며 그 피를 빤다

내 거미줄은 그것 자체는 죽어 있으면서도
존재를 포획하고

이어가는 것

내가 살기 위해 지어내는 경건한 기호화를
원죄라고
속임수라고 의심하지 말기를, 자책하지

말기를

옴…

입을 동그랗게 말고
다시 거미줄 뱉을 준비

-「아라크네Arachne」 전문

거미처럼 몸을 던져 허공을 조금씩 넓혀 집을 지음으로써, 허공의 공간은 점차 만질 수 있는 어떤 실체가 된다. 물론 거미줄로 이루어진 그 공간은 여전히 실체가 잘 보이지 않는 허공이다. 거미줄은 몸을 던지면서 부딪는 곳에 걸쳐놓은 언어로 만들어진다. 그런데 이렇게 만들어진 언어의 거미줄은 역시 보이지 않는 것이고 만질 수 있는 것도 아니지만, 투신한 몸의 무게로 팽팽한 긴장감을 갖게 되고 그리하여 특정한 질을 얻게 되어 촉감을 가지게 된다. 이 언어의 특정한 거미줄, 즉 구성된 시편에 의해 존재가 포획된다. 이때 시인은 "질투와 기쁨에 떨며" 포획된 존재의 피를 빨 것이다. 시인의 몸과 존재는 시를 통해 관계를 맺고는 시인은 자신의 삶을 존재의 피를 식량으로 삼아 살아나가게 된다. 그래서 시인에게 시 쓰기, 즉 기호화는 속임수가 아니라 먹는 것을 마련하는 생계와 같다.

하지만 그 생계를 위한 시 쓰기는 노동과 같은 성격을 갖는 것은 아니다. 시인은 「내게 있어 예술이란 마치 물을 따라 걸어 내려가는 긴 여행과 같았다」에서 예술을 물속의 물고기를 잡는 것과 같다고 말한다. "물은 언제나 내 곁에 있었으므로/배고파 하는 영혼의 리듬에 따라" "노래하며 그걸 잡고/덧없이 춤추며" 물고기를 잡는다는 것이다. 예술과 시를 등치시켜 생각한다면, 몸을 던져 거미줄을 자아내어 존재를 포획하는 시인의 행위는 노래하고 춤추는 행위와 같다고 할 수 있다. 노래와 춤을 통해 언어를 뿜어내고 언어의 그물에 잡힌 물고기-존재-를 먹으며 시인은 살아간다. 그런데 시인은 사유를 더 진행시킨다. 존재를 포획하기 위한 시 쓰기가 시인의 삶에 어떠한 변화를 가져올지에 대해 그는 다음과 같이 생각하고 있다.

> 물고기들과 어울려 깊은 곳으로 가라앉다. 빨갛게, 파랗게, 화냈다가, 슬퍼했다가… 물고기들이 다채롭다. 이제 숨을 쉬지 않는 나는, 태엽이 멈춘 나는, 나를 둘러싼 물이 뜨겁든, 차갑든, 울적하든, 용기백배하든 상관없다. 숨 쉬지 않는 내게서도 거품은 나온다. 나의 것이 아닌 것들이 나의 것이 아닌 곳으로 돌아간다. 물고기들은 거품에서 태어나거나, 거품이 된다. 거추장스러운 나의 살들을 남김없이, 성실하게, 쪼잔하게 모두 먹어 치워준다. 다채롭던 나의 풍경은 점점 단단하고 건조해진다. 나

는 응시한다. 어디를 보고 있는 건지 나 자신도 모른다. 이러다 보면 내 안의 어떤 뼈가 밝고 명민하게 깨어나게 되려나? 새 하얗게

…나는 되어가는 것이었는지

되어감을 끝내 가는 것이었는지…

-「잠수」에서

시인은 양식이 될 물고기를 잡는 과정에서 "물고기들과 어울려 깊은 곳으로 가라앉"는 경험을 하게 된다. 언어에 걸린 존재들은 존재들의 고향인 물속 깊은 곳으로 그를 끌고 들어간다. 그곳은 죽음과 생성이 공존하는 곳이다. 시인은 그곳으로 들어가 죽음으로써, 거품으로 해체된다. 시인의 몸은 원래 자신의 것이 아니었기에, 이로써 "나의 것이 아니 것들이 나의 것이 아닌 곳으로 돌아"가는 것이다. 그곳에서 해체된 몸은 거품을 낳고 거품은 다시 존재들을, 물고기들을 낳는다. 그리고 거품에서 나온 물고기들은 자신의 기원인 죽은 몸의 살들, 즉 거품을 먹으며 자라난다. 시 쓰기는 존재들을 포획하여 먹는 과정이면서도, 이렇듯 역으로 존재들에게 자신의 몸을 먹이로 주는 과정이기도 하다. 시 쓰기는 결국 존재의 늪으로 들어가 죽음을 체험하면서 "내 안의 어떤 뼈"를 "명민하게 깨어나게"하는 일이다.

존재의 늪인 물속은, 「시의 칼」에서 시인이 말한 바에 따르

면 "침묵이 도처에 뿌리를 내린 어둠 속", "말 이전의 것, 말이 어느 순간 드러나게 되었던 그 희미한 소실점의 끝"이라고 바꿔 말할 수 있다. 이 시에 따라 시 쓰기를 다시 정의하면, 그것은 "말의 가지를 타고" 그 끝에 내려갔다가 다시 "말의 배를 떠오"르는 작업이다. 이때 시인은 "검은 물에 비치는" '말 자신', '나 자신'을 만날 수 있다고 말한다. 그 나 자신이란 바로 "내 안의 어떤 뼈"와 통하는 무엇으로, 삶 너머에 물질적으로 현존하는 존재 그 자체를 가리키는 것 같다. 그렇다면 황강록 시인에게서 시는 의식과 생활 너머에 물질적으로 존재하는 '나 자체'와 만나게 해주는 매체다.

2

여기서 잠깐 황강록 시인의 시가 보여준 사유를 매듭 지어 보자. 이 시인에게 지옥과 같은 현대 세계는 스펙터클을 생산하는 '화면'으로 둘러싸인 곳이다. 그곳은 허공처럼 공허하다. 하지만 시인은 이 허공에 언어라는 거미줄을 쳐 존재를 포획하여 삶의 양식으로 삼는다. 그것은 표상이 아닌 존재들과 어울리는 일이요, 그 작업이 집요하게 진행된다면 저 깊은 물속인 언어 이전의 세계, 존재의 뿌리에로까지 내려갈 수 있게 된다. 언어를 통해 시인은 존재의 실감을 허공에다 되살리면서, 더 나아가 언어 이전의 존재의 늪에까지 이를 수 있는 것이다. 여기에 이르면 시인 자신의 자아가 해체되는 경지에까지 다다를 수 있다. 그래서 허공과 물속은 대척적인 공간이다. 허공은 언어가 과잉된 공간, 기표가 공허하게 떠돌아다니는 '화면'과 같은 공간이다. 하지만 물속은 기호 너머에 있는, 존재들이 무차별적으로 용해되어 있는, 연속체의 흐름으로 이루어져 있다. 이곳에서 떠오르는 말은 기호라기보다는 말 자신이 될 것이요, 말 자신을 말하는 시인 역시 '나 자신', 존재 그 자체가 될 것이다.

그런데 이렇게까지 나아가면, 언어의 기미줄을 침으로써 허공을 만질 수 있는 실체로 만들고자 했던 원래 시인의 의도에서 벗어나 시인이 언어 너머에 거주하게 되어버릴 가능성이 있다. 시인이 밤에 듣는 '고래의 노래'처럼 '내 노래로' "이 막막한 바다 여기 저기 흩어져 있는/고래들과"(「고래의 노래」) 소통하고자 하는 욕망을 갖게 되는 것도 언어 너머에 존재하고자 하는 욕망에서 비롯되는 것이다. 하지만 시가 음악 자체가 되지 않는 이상, 이 욕망은 실현될 수 없다. 언어를 포기해야지만 이 욕망은 실현될 수 있는 것이다. 그러나 이때의 음악은 더 이상 시가 아니다. 시는 언어로 구성되기 때문이다.

게다가 이러한 욕망은 '화면'과 대면해야 하는 현대적 삶에 등을 돌리고 그것과 단절하겠다는 욕망에 다름 아니다. 다시 말해 현대적 삶의 구체적 실감은 시에서 사라져버리고 시는 언어 너머의 세계를 몽롱하게 환기시키는 특성을 갖게 된다. 그렇게 되면 현대 세계와 시의 긴장은 사라져버리고, 그래서 이 시인이 보여주었던 날카로운 비판 정신은 둔화되고 마는 것이다. 그래서 황강록 시인의 시 쓰기는 이 지점에서 다시 유턴할 수밖에 없다. 시 쓰기를 지속하고 현대성에 대한 시의 비판성을 잃어버리지 않기 위해서는 말이다. 이 시집이 언어 너머의 '바다'에 존재하고자 하는 시인의 동경을 펼치는 서정적인 경향을 한 축으로 보여주면서도, 이와는 상반되는 다른 경향의 시편들을 보여주고 있는 것은 이 때문이다. 그 경향은 '화면'의 세계를 시에 전폭적으로 담으면서 이를 역으로 비트는 식으로 나타난다.

방에 틀어박혀 아주 오랫동안

반복되는 포르노들을 보다가, 들어갔다 나왔다 반복되는 굴파기 때문에

내 방은 아주 깊고 어두운 속까지 파고 들어가 버렸고, 이젠 밖을 그리워해도 밖은 물속이 아니고, 밖은 땅속이

아니고, 머릿속의 생각의 지도를 따라 나가려고 하다보면 반드시

처음 출발한 곳으로 되돌아오고, 내가 그리워하던 어릴 적의 장난감들이 가끔 화석이 되어 발굴되곤 하는 흙벽, 탈출을 꿈꾸는 난 점점 더 틀어박히는 길인지, 나가는 길인지 모르는 통로를 파헤쳐 가고, 꿈들만 수북하게 벽을 메우고, 음악소리 들리는 곳을 좇아, 열심히 뚫고 나가는 나의

자폐적 자기성찰

-「자폐적 자기성찰」 전문

시인의 진단에 따르면 현대인들은 화면을 마주 대하면서 그곳에서 현실을 찾는다. 이는 물론 실제 삶을 잃어버리고 무책임한 '시뮬라시옹'(보드리야르) 속에서 허우적대는 현대인들에 대한 비판이다. 하지만 그 비판은 시인이 높은 자리에 서서 계몽적으로 교시하는 방식은 아니다. 왜냐하면 시인 자신 역시 화면에 흘러나오는 포르노 장면 속에서 삶을 허우적거리며 허비하고 있기 때문이다. 하지만 그가 시인일 수 있는 것은, 자신이 그 문화의 자장 속에 있음을 인정하면서도 다른 이보다 이 문화로부터 한 걸음 더 나아가기 때문이다. 시적 화자 역시 다른 이와 마찬가지로 위의 시에서처럼 자폐적으로 "방에 틀어박혀" 화면을 바라보면서 현실을 그 화면의 표상으로 대체하며 살아가고 있다. 화면은 성교 장면이 반복적으로 클로즈업되어 나오고 있다. 시적 화자도 포르노의 장면들이 주는 성적 자극에 끌려 화면을 바라보고 있는 것이겠지만, 그는 수동적인 시청자에 머물지 않는다. 그는 배우들의 '굴 파기'를 통해 기억의 벽을 뚫고 생각의 "통로를 파헤쳐 가는" 자기 성찰로 나아간다.

그 성찰은 여전히 자폐적이지만, 그 자폐에 탈주의 길을 내는 작업이다. 화자가 현대적 삶의 조건에서 분명 벗어나지 못하고 있는 것으로 보이지만, 헛되다고도 말할 수 있는 그의 '굴 파기'로서의 성찰은, 그 조건에 균열을 만들 수 있는 구멍을 파고 있는 것이다. 이는 포르노를 보면서 그 포르노로부터 자극받아 포르노에 갇힌 삶으로부터 탈출하는 구멍을 뚫는 작업이다. 그 구멍은 쉽게 뚫리지 않는다. 하지만 시인이 현대적 삶에서 쉽게 초월할 수 없다는 것을 인정하면서도 그 삶과는

다른 삶을 살기 위한 성찰을 포기하지 않는다는 점에서 위의 진술은 의미가 있다. 황강록 시인은 현대적 삶의 한복판에서 그 현대성을 지렛대 삼아 자신을 성찰하고 더 나아가 다른 삶을 꿈꾼다.

그런데 그는 현대적 삶이 빠져 있는 '화면'을 시에 좀 더 적극적으로 도입하여 삶이 '화면'이 제공하는 시뮬라시옹과 혼합되어 버린 양상을 진술하기까지 한다. 「스타 크래프트를 하다」 연작시가 그러한데, 그 첫 번째 시에서 시적 화자는 게임 스타크래프트의 상황과 실제 상황을 구별하지 못하고 "나약한 나를 노리는 누군가가 있다"고 망상하면서 그 적을 "완전히 박살내지 않으면" 안 된다고 생각한다. 이러한 피해망상과 적의는 "취직이 날 불안하게 하고" "시험이 날 괴롭"히는 실제 현실에서 비롯된 것이다. 하지만 게임에 빠져 살아가고 있는 시적 화자는 현실을 게임으로 대체하면서 현실에서 비롯된 고통을 게임 속의 적에 대한 적의로 전이시킨다. 그 과정에서 그 게임 속의 적으로 대체된 현실의 적은 몰살해도 좋은 대상으로 여긴다.

이러한 시적 화자가 세상에 대한 적의를 게임에서처럼 현실에서 마음대로 발산하여 적으로 생각되는 이들을 '박살' 내려고 한다면, 그는 연쇄살인마가 될 것이다. 그렇다면 게임과 현실과의 경계선을 자주 잊게 되는 망상적 현대인들은 잠재적으로 연쇄살인마들일 수 있다. 「연쇄살인마 1-테드 번디」에서 연쇄 살인마인 화자가 "난 정신병자보다 너를 더 닮았다"고 말하는 것은 이와 관련된 진술일 것이다. 살인마는 "나는 느낀다,

고로 존재"하는 현대인의 전형이다. 화면에 몰입하고 게임을 현실과 분간 못하기까지 하는 현대인들은 생각이 아니라 느낌에 이끌려 살아나간다. 많은 현대인들이 자본주의 경쟁에서 밀려나 폐기처분되어 살아나가고 있다. 이들은 상처와 고통을 준 현실을 잊기 위해 화면이 제공하는 시뮬라시옹에 삶을 맡기고, 욕망하는 대로 사람을 죽이는 상상을 한다.

살인마 테드 번디는 이러한 상상을 현실화시킨 사람에 불과하다. 이 시에서 '너'는 바로 살인미에 의해 죽은 희생자를 말하지만, "함께 썩어가는 미끄러운 '너'들이 나에게 고백한다, '우린' 아무것도 아니에요." "'난' 아무것도 아니예요. 내 뱃속에 들어온 그녀의 고기가 녹아가며 말한다. 나도 당신이죠. 당신이 난가요?"라고 말하는 순간 살인마와 희생자의 경계는 흐릿해지기 시작한다. 살인마를 포함한 '우리'는 삶을 몰수당한 자들, 아무것도 아닌 자들인 것이다. 시적 화자인 테드 번디는, "소름 끼치는 진실"은 "난 너희와 똑같다"는 점이라고 말한다. "난 내가 죽인 자들만큼이나 무력"한 것이다.

또한 「연쇄 살인마 2 – 헨리 리 루카스」에서 시적 화자인 살인마는 "중요한 건 그들이 혼자 있을 때 죽여야 한다는 거죠. 혼자 있는 건 없는 거나 마찬가지거든요. 흔적이 없죠. 나도 없는 거나 마찬가지죠."라고 말한다. 자폐적으로 화면을 바라보며 혼자 살아가는 사람들, 그들은 살인마처럼 흔적 없이 사는 사람들이며, 그래서 이 세상에 없는 것과 마찬가지의 사람들이다. 이들을 누구도 관심 있게 살펴보지 않기 때문에 살해당한 이들은 "실종의 익명성 속에서 부유하는 유령"이 되어버린다.

이들을 죽이는 살인마 역시 "평범해서 사람들은 날 잘 기억하지 못"하는, 익명성 뒤로 숨을 수 있는 사람이다. 어느 누구도, 심지어 나 자신도 살인마가 될 수 있다는 가능성이, 피폐하고 누추한 현대적 삶의 배후에서 복수를 기다리며 뱀처럼 똬리를 틀고 있다.

익명성과 악의 평범함이 삶을 공포로 물들이게 한다. 바로 옆에서 영화를 보고 있는 사람이 연쇄살인마일지도 모른다는 공포가 일상을 관통한다. 현대사회는 공포가 일반화된 사회다. 공포 영화가 인기를 끄는 이유는 여기에 있을 것이다. 일상 속에서 은밀하게 작동하는 공포를 공포 영화는 생생하게 밖으로 드러내 보여준다. 우리는 공포의 시뮬라시옹인 공포 영화를 보면서 마음 밑에 깔려 있는 공포를 꺼낼 수 있고 그리하여 카타르시스의 즐거움을 가질 수 있다. 포르노를 즐겨 보듯이 공포 영화를 즐기는 현대인들의 모습 역시도 실제 삶을 '화면'의 시뮬라시옹에 양도하는 현대적 삶의 특징을 전형적으로 드러낸다.

시인 역시 공포 영화를 즐겨보는 현대인이다. 「연쇄 살인마」 연작에서 상상되어진 두 명의 살인마에 대한 여러 가지 정보들은 아마도 시인이 영화를 보고 얻은 것일 게다. 테드 번디나 헨리 리 루카스의 범행은 모두 영화화되었기 때문에 시인은 아무래도 영화를 통해 그 전모를 생생하고 구체적으로 알 수 있었을 것이다. 그렇다면 연쇄 살인마 연작시는 영화의 시뮬라시옹을 시화한 것이라고 볼 수도 있겠다. 하지만, 포르노를 보면서 시인이 시적인 성찰로 나아갔듯이, 시인은 그 영화의 스펙터클에 마냥 끌려간 것은 아니다. 시인은 삶의 지향의 상실과 고립이라는 현대적 삶의 일반적 조건과 살인을 관련시켜 성찰하고 있기 때문이다. 시인은 이 시들에서도, '화면' 의 세계를 적극적으로 받아들이는 동시에 그 세계를 비틀어 진실로 나아가려고 한다. 그래서 시인은 그 '화면' 의 세계에 장악되지 않는다. 그는 도리어 그 세계에서 능동적으로 '뛰어놀' 려고 한다.

추며, 즐거웁게

떠다니다. 해부 당한 내 아버지의 내장 속으로, 고장 난 내 자동차 부품 속으로, 조각조각 난자된 내 욕망의 젖꼭지, 혀, 털, 보지 속으로, 공터 쓰레기장에 버려진 모든 저주, 버려진 관계들 속으로, 둥둥 떠다니다, 스며들다, 모든 것들과 섞여, 굳고, 단단해지다, 그렇게 겁 많고, 섬세한 내 속살들은 두터운 갑옷을

지어가다 다치지 않는다. 죽지도 않는다. 난 너희들이 무섭지 않다. 이젠 너희는 무기질의 나를 벨 수 없다. 다 덤벼 이 씨발 놈들아! 흡혈귀! 살인마! 늑대인간! 외계인! 나치! 담임선생! 악질 부르주아! 재벌! 동네 깡패! 북괴 공산당! 몇천만이냐. 난 천하무적

울트라 건담 베타 제트 스캔들 엠 케이 투

다. 너희들은 모두가 나의 가소로운 적, 내 밖에 있다. 아니

너희들은 모두가 내 친구들이야, 내 안에 있어. 아니

너희들은 모두가 나 자신, 지금 여기에 있다. 아니, 아니, 뒤돌아

보지 마!

....

어느덧

108번째 영화에서

무서운 곳을 피해 더 무서운 곳으로

끔찍한 날들을 피해 최악의 순간들 속으로

뒤돌아

보지 않고 내달던 겁

에 질린 악령과

헤어져

이제 지옥에서 뛰어놀다

-「지옥에서 뛰어놀다」 일부

이 시집의 표제작이기도 한 이 시는 이 시집에서 가장 재미있게 읽히는 시 중 하나이다. 시적 화자는 '공포 영화의 마니아' 다. 무서운 영화를 즐겨 보면서 그는 무서운 장면을 점차 등장인물의 눈으로, 더 나아가 "검고 큰 나무의 눈으로, 도끼날의 눈으로" "사물화"할 수 있게 된다. 사물화란 어떤 공포 장면을 객관적으로 뜯어볼 수 있게 되었다는 것을 말하는 것일 게다. 하지만 그렇게 사물화 되어 새롭게 해석된 장면들은 시적 화자의 삶과 직접적으로 연결된다. 다시 말해 그 장면들은 시적 화자의 은폐된 기억들, 은밀한 욕망들, "버려진 모든 저주, 버려진 관계"들을 상기시키고, 그리하여 그 장면들은 시인의 삶에 스며들게 되는 것이다. 그래서 영화에 등장하는 저 악령들은 나의 일부에 불과한 것이 된다.

두려움은 낯섦에서 비롯된다. 하지만 저 무시무시한 장면들은 나의 깊숙한 내면에 자리 잡고 있는 것이기에 낯설지 않다. "난 너희들이 무섭지 않"다. "너희들은 모두가 나의 가소로운 적"일 뿐이다. "너희들은 모두가 나 자신"이기 때문이다. 재미있는 반전을 보여주는 부분은 "무서운 곳을 피해 더 무서운 곳으로" 겁에 질려 도망가는 것은 화자가 아니라 악령들이라는 점이다. 화자는 영화 속의 악령들과 헤어져 "이제 지옥에서 뛰어놀"기 시작한다. '더 무서운 곳' 이란 어떤 곳일까? 현실 자체일 것이다. 악령들이 거주하는 무서운 곳은 화면 속, 시뮬라시옹의 공간이다. 하지만 이보다 더 무서운 곳은 지옥과 같은 현실이다.

지옥을 보여주는 영화의 공간은 지옥 같은 현실을 비추고 그 현실과 겹치면서 중의적인 의미를 갖게 된다. 그래서 우리는 실감 있게 영화의 공포를 받아들이는 것이다. 공포 영화의 공간이 전혀 현실감을 불러일으키지 않는다면 우리가 그 영화를 보고 무서워할 이유가 있겠는가? 그래서 환타지 영화에 나오는 무시무시한 괴물과 용을 보더라도 우리는 두려움을 느끼지 않는 것이다. 두려움은, 프로이트가 말했듯이 낯익음과 낯섦이 결합되었을 때 느낄 수 있다. 그런데 공포 영화 속에서 실제 삶의 잔혹성을 발견하는 데로까지 나아간 화자에게는 현실이 더 지옥 같은 곳임을 알므로 더 이상 영화를 보고 두려움을 갖지 않는다. 도리어 두려워하는 것은 화자에게 몰려 현실 공간에까지 도망 나온 악령이다.

그리하여 시적 화자는 공포를 자아내는 '화면'에 사로잡히지 않게 되고, 도리어 그 화면을 갖고 놀 수 있게 되었다. 화면의 시뮬라시옹에 보통 사람보다 더 몰입함으로써, 즉 그 시뮬라시옹을 사물화하고 현실의 삶과 관련시켜 해석하고 자기화함으로써, 화면으로 둘러싸인 허공과 같은 세계가 감염시키는 허망과 공포에 대응하여 능동적인 유희를 통해 삶을 잃어버리지 않고 살 수 있는 길을 찾을 수 있게 되었다. 이를 화면이 방출하는 시뮬라시옹을 더 적극적으로 삶에 받아들여 그 화면을 극복하는 삶의 전술이라고 말할 수 있겠다. 화면의 세계에 장악되지 않고 그것을 즐겁게 받아들이면서 거꾸로 장악하는 삶의 전술. 이때 영화보다 더 무서운 지옥의 실제 현실에서 뛰어놀며 살아가는 길도 열린다. 지옥의 현실은 저 화면의 시뮬라시옹이 만든 것이기 때문이다.

한편 시인은 환타지 세계를 시를 통해 창출하고자 시도한다. 「검은 숲」, 「마법의 용, 팝」, 「인형의 전설」, 「이상한 나라의 소녀」 등, 동화와 같은 일련의 시들이 그 세계다. 동화도 공포 영화와 같은 알레고리적 세계다. 그런데 공포 영화가 실감 있는 환영을 제공한다면, 동화는 환상을 노골적으로 드러내면서 삶의 진실을 드러낸다. 공포 영화가 제공하는 실감 있는 환영이 실제를 가리키는 알레고리적 성격이 있으나, 이는 그 세계를 '사물화' 하여 다시 해석할 때야 비로소 드러날 수 있다. 해석하지 않고 그냥 공포 영화의 화면을 바라보게 된다면, 그 장면이 주는 압도적인 스펙터클로 인해 우리는 화면에 사로잡히게 될 것이다. 하지만 동화가 주는 시뮬라시옹 세계는 실감을 통해 우리를 사로잡지 않기 때문에 공포에 사로잡히지 않고 거리를 두고 읽을 수 있으며, 그래서 그 알레고리적 의미를 해석하는 데로 자연스럽게 나아갈 수 있다. 시인이 동화적인 시를 쓴 것은 이렇듯 동화가 삶을 화면에 양도하는 스펙터클의 위험에서 어느 정도 벗어날 수 있는 장르이기 때문일 것이다.

더 나아가 동화는 삶의 근원적인 공포와 고통, 슬픔을 드러내는 장르이기도 하다. 황강록 시인의 '동화-시' 역시 동화의 이러한 특성을 살려내어 고통 받는 인간의 슬픔을 담담하면서도 아련하게 드러낸다. 「마법의 용, 팝」은 화를 내면 불을 뿜는 독특성 때문에 사람들로부터 따돌림을 당하고 사랑하는 소녀로부터 외면 받는, “욕망을 배울 수는 있지만 가질 수는 없는” 용이 등장한다. 소녀가 소년과 결혼하자 용은 소녀를 납치하지만, 소녀는 “넌 우리랑 틀리니까” 용을 사랑하지 않는다고 차갑게 말한다. 마침내 용은 화를 내버리고 마을은 불바다가 된다. 「인형의 전설」에서는 어떤 일인지 더 이상 일할 수 없다고 힘들어하며 눈물짓는 인형이 등장한다. 그러나 그 일을 계속해야 했는지, 인형은 점점 얇아지다가 파삭 부서져버리고 만다. 인형을 만든 사냥꾼이 인형을 찾아 나서지만 나무들은 푸스스스 소리만 낼 뿐이다. 「이상한 나라의 소녀」에서는 사람의 마음을 맑아지게 할 수 있는 소녀가 등장한다. “섹스랑 비슷한” 일일지 모르는 “그걸 할 때면 온몸에서 빛이 났”고, 사람들은 그 빛에만 관심을 갖는다. 소녀를 산 서커스 단장은 과도하게 공연을 시키고, 결국 소녀는 몇 년을 못살고 죽게 된다. 반면 단장은 소녀를 이용해 큰돈을 번다.

용, 인형, 기이한 소녀는 모두 알레고리적 인물들이다. 그들은 모두 소외되고, 착취받고, 고통 받는, 마음 여린 사람들을 가리킨다. 황강록 시인은 지옥 같은 현실에서 힘들게 살아가야 하는 사람들의 삶을 우화를 통해 조명하면서, 현실을 지우는 ‘화면’ 의 한계를 넘어서려고 한다. 화면의 시뮬라시옹에 몰입함으로써 역설적으로 삶의 성찰을 이끌어내는 방법을 넘어, 시인은 환타지의 창출을 통해 현실의 고통을 조명하는 길을 찾아낸 것이다. 이 시집에서 가장 유니크한 부분이 이 슬픈 ‘동화–시’ 라고 생각한다. 이 ‘동화–시’ 들은 요즘 유행하는 잔혹한 환상으로 빠지지 않으면서 묘한 환상성과 정서적 호소력을 보여준다. 하지만 시인이 이러한 종류의 시작詩作을 더 발전시키지는 않는다. 시인이 좀 더 기묘한 '동화-시'를 창작함으로서 삶의 굴곡을 복합적으로 드러내는 길을 개척해냈다면 이 시집은 더욱 유니크할 수 있었을 것이다. 좀 아쉬운 면이 있다.

3

황상독의 이 시집은 '화면의 세계'에 대한 시의 대응과 그로부터의 탈주를 두 방향의 벡터로 보여준다. 하나는 언어를 통해 존재를 포획하여 화면의 허공을 실체 있는 무엇으로 변형시키려는 방향이다. 시인은 이에서 더 나아가 언어 너머에 있는 존재 자체에 직접 다가가려고도 한다. 하지만 이는 언어를 포기해야 이루어지는 작업이기 때문에, 시를 통해서는 더 이상 나아갈 수 없다. 두 번째 방향은, 시인이 화면이 제공하는 시뮬라시옹에 더 몰입하여 이를 통해 자기와 세계에 대해 성찰하고, 그 세계에 실제 세계를 스며들게 하려는 것이다. 이 방향은 주체의 수동성을 유도하는 화면의 세계에 도리어 적극적으로 뛰어들어 삶을 흡수해버리는 스펙터클을 비틀고, 그 세계에서 노님으로써 주체의 능동성을 확보한다.

시인은 이에서 더 나아가 '동화-시'를 통해 환상적 스펙터클을 직접 창출하기도 한다. 그러나 그 스펙터클은 삶을 볼거리에 흡수하는 것이 아니라 실제 삶의 고통을 알레고리로서 드러낸다. 그런데 이 작업에까지 다다르면, 이는 다시 첫 번째 방향의 출발점과 만나게 된다. '동화-시'는 환상을 구성하는 언어를 통해 존재의 진실을 포획하여 드러내기 때문이다. 이로써 두 방향으로 나아가는 시의 선은 서로 이어지면서 하나의 원을 그리게 된다. 이 시집의 시편들은, 그리고 그 시를 쓰는 시인의 삶은, 그 원의 선 위 어느 지점에 위치하게 될 것이다. 시인은 아래의 시를 맨 뒤에 실음으로써 시집 전체의 의미를 정리하고 있는데, 이 시에서 그는 자신의 시세계가 그려 놓은 원이 갖는 의의를 "무가 무를 완성"한다는 철학적 표현으로 암시적으로 드러내고 있다. 원을 그리며 진행될 이 시집의 재독을 위해, 이 끝자리에 이 시를 인용해둔다.

> 무한하게 하얀 천 위에 한 줄로 파먹어가
> 며 느리게 가위질하던 작은 벌레가
>
> 어느덧 큰 원을 그려 자신이 파먹은 선의 시작에 다다랐을
> 때
>
> 몸에서 실을 게워내어
>
> 천천히 다시
>
> 자신이 파먹은 그 원의 선을 꿰매어 간다
>
> 無가 無를 완성하는 건 커다란 감동

대개의 삶은 그 중간 어디쯤에서 시작되어 그 중간 어디쯤에서 끝난다

—「시간의 벌레」 전문

문학의전당 · 시인선 64
지옥에서 뛰어놀다

초판인쇄 2009년 1월 10일
초판발행 2009년 1월 15일

지 은 이 황강록
펴 낸 이 김충규
펴 낸 곳 문학의전당
출판등록 제387-2003-00048호(2003년 9월 8일)

주　소 121-718 서울특별시 마포구 공덕2동 404번지 풍림VIP텔빌딩 202호
전화번호 02-852-1977
팩시밀리 02-852-1978
블 로 그 http://blog.naver.com/mhjd2003
전자우편 mhjd2003@naver.com

I S B N 978-89-93481-11-2 03810